Kitab - Egyptology in Focus

Umbrella series

founded and coordinated by Gianluca Miniaci

Subseries: ***Written Culture of Ancient Egypt and Nubia***

Editor-in-chief

Simon Thuault

This title is published by
Nicanor Books

Cover image: Mice & cats at play. P. Basel, BSAe 1081, vignette X+2 © Jonathan Maître

Cover design: Gianluca Miniaci

A catalogue record for this book is available from the British Library.

London 2025

Printed in the USA

Books International
22883 Quicksilver Drive
Dulles, VA 20166

ISBN 978-18381180-8-2 (paperback)
ISBN 978-18381180-9-9 (e-book)

ISSN 2752-6259 (Kitab print)
ISSN 2752-6267 (Kitab online)

Kitab - Egyptology in Focus

Written Culture of Ancient Egypt and Nubia

Kitab – WCAEN 2

Deux études sur la parodie animalière

P. Turin, Museo Egizio CGT 55001 et P. Bâle, BSAe 1081

Jonathan Maître

Nicanor Books

Contenu

Remerciements
Je remercie P. Vernus pour ses encouragements lors cette recherche 'au long cours' qu'il initia *de facto* par ses propres travaux sur le bestiaire et sur le papyrus dit 'érotique' de Turin. Qu'il trouve ici l'expression de ma gratitude.
Je remercie également A. Fortier et A. Stauder pour tous leurs conseils.
Je dois la retranscription de l'arabe égyptien à ma collègue Hannah Sonbol (WWU Münster/ ÉPHÉ-PSL), que je remercie ici pour son aide.
J'adresse mes remerciements à V. Rondot pour son autorisation à reproduire le dessin 'Copie du Papyrus satirique de Turin'; l'intérêt des fig. 1 et 2, d. doit à la qualité du cliché mis à ma disposition par le musée du Louvre.

L'étude doit beaucoup aux travaux d'André Wiese. Je le remercie de m'avoir permis d'étudier à mon tour cet objet remarquable en m'accueillant à Bâle. Son aide fut précieuse.

J'adresse ma reconnaissance à mon collègue Renaud Pietri pour sa relecture du manuscrit et ses commentaires avisés.

Enfin, un grand merci à G. Miniaci, G. Conte, S. Thuault et W. Grajetzki.

Avant-propos

Dr. André Wiese, Kurator Dauersammlung

Depuis 2001, l'Antikenmuseum Basel und Sammlung Ludwig possède également une collection d'art égyptien de renommée internationale. Elle se base sur la collection d'État du canton de Bâle-Ville, rassemblée depuis 1840, qui était précédemment conservée au musée d'ethnologie de la ville. Après 2001, des dons de particuliers suisses et des prêts de collections publiques suisses sont venus s'y ajouter, de sorte qu'il est aujourd'hui possible de montrer un aperçu représentatif de la culture pharaonique, nota bene arrangé de manière thématique.

La bande dessinée bâloise BSAe 1081 en cartonnage, avec des scènes peintes en polychromie tirées de différentes fables animalières, provient de la célèbre collection de Maurice Bouvier (1901-1981). Bouvier a été professeur de droit dans plusieurs universités égyptiennes à partir de 1929. Après avoir terminé sa carrière professionnelle, il est retourné en Suisse en 1959 où, après son décès, son fils a repris la vaste collection et l'a partiellement rendue accessible au public. François et Malou Bouvier ont entretenu depuis 1996 des contacts très proches avec le Musée des Antiquités de Bâle et la Collection Ludwig, auxquels ils ont par la suite fait don d'une partie de leur collection. Nous sommes très reconnaissants au couple donateur que la bande illustrée de fables présentée ici en fasse également partie, une rareté absolue !

Les contes et les fables de l'Égypte ancienne ne nous sont parvenus que sous forme de fragments. De plus, il est peu probable qu'elles aient été écrites en grand nombre. En revanche, il existe toute une série de transmissions imagées, par exemple sur les ostraca figurés ou les papyrus. Les contes et les fables ont certainement été transmis en grand nombre par voie orale et racontés, par exemple, à l'aide de suites d'images, des sortes de livres d'images, comme le suggère l'exemple de Bâle.

Ces histoires illustrées sont extrêmement difficiles à mettre en valeur. Nous sommes très reconnaissants à Jonathan Maître de s'être consacré de manière intensive à la bande illustrée du musée des antiquités de Bâle et de présenter aujourd'hui ses résultats très attendus dans ce volume.

Les parodies animalières sous les feux de la rampe
Deux travaux d'actualité dus à J. Maître

Pascal Vernus, Directeur d'études émérite à l'EPHE

Le papyrus dit 'érotique'[1] de Turin a connu des fortunes contraires. À peine fut-il révélé à l'égyptologie que son fondateur même, J.F. Champollion en initia la stigmatisation :

"à côté d'un fragment soit d'un acte du règne de Ramsès le Grand, soit d'un rituel contenant les louanges de Ramsès-Méïamoun [...] j'ai trouvé un débris de caricature Egyptienne, représentant un chat qui garde des canards, la houlette à la main, ou un cynocéphale qui joue de la double flûte ; [...] un rat armé en guerre et décochant des flèches contre un combattant de sa force, ou bien un chat montant sur un char de bataille [...], et là des débris de peintures d'une obscénité monstrueuse et qui me donnent une bien singulière idée de la gravité et de la sagesse Égyptienne."[2]

Et puis l'égyptologie a évolué. Ce que j'ai appelé son *infitah*, c'est-à-dire son renoncement au splendide isolement et son ouverture corrélative aux disciplines extérieures et aux sciences humaines en générale dans le dernier tiers du XXe siècle, conduisit à tirer le papyrus de l'enfer des musées, où seuls les conservateurs le pouvaient jusqu'alors consulter, quitte à s'en horrifier (ou à s'en délecter). Dès lors, l'horizon s'est éclairci. Il a été publié ; il a suscité maintes contributions. Bien plus, un heureux hasard en a révélé récemment une ancienne copie, faite maladroitement, certes, mais alors qu'il n'avait pas encore subi les avanies du temps.[3] Pour couronner le tout, la rénovation du magnifique Museo Egizio de Turin lui a donné un écrin à la mesure de son intérêt majeur pour qui entend pleinement apprécier la civilisation pharaonique.

Bien conscient de cet intérêt, J. Maître présente deux contributions qui se complètent, pour ainsi dire, en en venant heureusement éclairer la problématique des scènes animalières. Il est parti d'un de ces couples d'opposition que la culture égyptienne, comme dans bien d'autres, n'avait pas laissé de construire et d'instrumentaliser en faisant saillir les différences entre deux éléments à un premier niveau pourtant apparentés, exploitant ainsi les potentialités significatives de la dissemblance sise au cœur de la ressemblance. En l'occurrence, J. Maître s'est attelé à définir comment les anciens Égyptiens ont tiré parti de ce qui rapproche et en même temps distingue le faucon du milan. À partir d'un faisceau de données égyptiennes sur ces oiseaux, que sa riche érudition met pertinemment en résonance avec quelques anecdotes piquées dans le folklore mondial, il éclaire un épisode des parodies animalières du papyrus de Turin. À l'extrémité du bandeau supérieur consacré à ces dites parodies dans le manuscrit, est figuré un grand oiseau qui tient en bride deux captifs, un chat et un "canidé/hyénidé"[4], au demeurant

[1] Pour beaucoup, le terme 'érotique' semblera plutôt inapproprié ; mais après tout, à chacun sa conception de la sexualité. Cela posé, derrière cette appellation discutable il convient de démaquer une intention euphémique : masquer la pornographie du papyrus, insupportable pour ceux qui, à commencer par J.F. Champollion, idéalisaient peu ou prou, consciemment ou non, les anciens Égyptiens au point de leur dénier tout penchant pour ce qu'ils jugeaient une dépravation morale. On a bien trop pris en compte Hérodote lorsqu'il s'extasiait devant les anciens égyptiens, jugés les plus religieux des hommes.

[2] Lacouture 1989, 515-6.

[3] Il faut avouer que la dégradation actuelle du document est très avancée par rapport à son état au début du XIXe siècle. Est-ce le cas de tous les papyrus révélés à cette époque ?

[4] Il y aurait-il la suggestion de mamelles sous le ventre du deuxième animal captif ? Pensons aux mamelles de la griffon femelle, promue animal familier en parallèle avec le chien dans une célèbre tombe de Béni Hassan. Mais, il doit s'agir plus probablement d'une notation des poils pendant sous le ventre.

sévèrement surveillés par un quatrième animal, considéré lui-aussi comme un "canidé/hyénidé". Cet oiseau, remarque pertinemment J. Maître, le dessinateur l'a délibérément mis en vedette en le 'décalibrant' quelque peu par rapport à l'ensemble.[5] Dès lors J. Maître de lui consacrer une analyse iconographique d'une minutie parachevée qui le conduit à y reconnaître un accipitre, inspiré principalement par le milan. Cette figure composite commande l'interprétation générale de la séquence en tant que parodie des scènes de triomphe décorant les temples et les objets où s'exprime et s'exalte l'idéologie royale. Les étrangers captifs assujettis au pharaon comme une proie à un faucon prédateur, viennent offrir les produits de leurs contrées implorant l'octroi du souffle de vie. À l'appui de cette interprétation, le fait qu'une autre scène du papyrus de Turin parodie la représentation du temple égyptien illustrant la relation entre le souverain et les dieux : un âne, dans l'atour prestigieux d'une ample robe, tient le rôle du pharaon officiant devant une divinité lièvre (?), laquelle serre sur sa poitrine le fléau et le sceptre. À l'appui encore, d'autres saynètes dans la partie animalière et dans la partie pornographique du papyrus indiscutablement inspirées par l'iconographie de la religion 'officielle', mais aussi dans d'autres documents apparentés où en est déployée la thématique, avec, bien sûr, une évidente intention de la tourner en dérision.[6] Dans cette perspective, les données réunies par J. Maître prennent plein sens : le milan qui inspire largement la figure du grand oiseau triomphant est la dérision du faucon, manifestation cardinale du pharaon. J. Maître a finement observé que les deux captifs pourraient être le chat et le chien, le couple par excellence d'animaux familiers. Ainsi, voici une inversion des statuts, fréquente dans ce genre de document : le sauvage tient en laisse le domestique. On serait tenté de prolonger ou plus exactement d'expliciter ses observations. Les premières reproductions du papyrus, confortées par ce qui subsiste de l'original, laissent entrevoir que l'animal en serre-file, qu'il appelle le "canidé/hyénidé", a un pelage nettement différencié par une teinte plus claire de l'animal captif qui le précède, qualifié aussi de "canidé/hyénidé". Les premières reproductions encore, à défaut de l'original hélas sur ce point inutilisable, laissent entrevoir une autre différenciation fondée sur la carrure bien plus massive de la gueule, voire de la silhouette de ce "canidé/hyénidé" serre-file. Peut-on exclure les différenciations aient visé à opposer au chien domestique captif le chacal ou la hyène qui le garde ?[7] Cela viendrait à l'appui de l'interprétation proposée par J. Maître, au demeurant en soi fort convaincante.[8]

Pour immense que soient les mérites de l''epoch-making' *Tiergschichte* de E. Brunner-Traut, encore beaucoup reste à faire pour progresser dans notre compréhension de ces scènes animalières. On ne peut donc se permettre de laisser sous le boisseau aucun document. Et pourtant, il existait une bande dessinée sur toile illustrant cette thématique et qui n'avait guère été prise en compte autant qu'elle le méritait. Quelques mentions çà et là, une jolie présentation par les soins de A. Wiese, c'est à peu près tout. Il est vrai qu'elle ne rivalise pas esthétiquement avec la tombe de Néfertari ni avec celle de Ramosé, c'est le moins qu'on puisse dire. À tout le moins le style des représentations n'est pas sans une certaine originalité et les couleurs assez bien conservées. Sans barguigner, J. Maître s'est attelé à en donner une édition princeps d'une rigoureuse objectivité, rendant ainsi à l'égyptologie un signalé service.

Car pourquoi faire plus longtemps la fine bouche quand ce genre de document est au cœur d'une évolution épistémologique de l'égyptologie ? Longtemps, en effet, on y distinguait

---

[5] Pour le procédé de 'décalibration', par ailleurs appliqué aussi à l'écriture, voir VERNUS 2022, 366.

[6] Entre autres, l'ostracon Turin S 6333 parodie manifeste de cette phase essentielle du culte où la barque divine sort du temple en procession ; GRANDET 2013.

[7] Pour les procédés mis en œuvre afin d'opposer chien domestique et chacal ou hyène, voir VERNUS 2013a, 104-5.

[8] La n. 76 de J. Maître donne à penser qu'il oppose bel et bien le chien captif au "canidé/hyénidé" serre-file mais peut-être sa description ne le fait pas assez valoir.

grosso-modo deux types de 'discours', le 'discours philologique', fondé sur l'étude critique des textes, et le 'discours archéologique', où ce qu'on appelle l''histoire de l'art' jouxtait la prise en compte de la culture matérielle et l'étude des monuments et des sites.[9] Sous la pression de la sémiotique et grâce aux travaux de collègues belges comme R. Tefnin, V. Angenot, D. Laboury, depuis le denier tiers du XXe siècle s'est affirmée l'autonomie relative du 'discours iconographique'. Les parodies animalières lui donnent du grain à moudre, du bon grain, dirais-je. Plus encore, les voici désormais au cœur d'un nouveau débat suscité derechef par l'ouverture de l'égyptologie aux sciences humaines et, en l'occurrence, la narratologie. Car comme les bas-reliefs des temples ou le décor des mastabas,[10] elles posent le problème de leurs potentialités narratives. Sont-elles l'évocation iconique d'un récit sous-jacent, comme le suggère un célèbre ostracon de Berlin et que jadis, A. Erman avait déjà rapproché du mythe démotique de l'œil solaire.[11] Doivent-elles être considérées isolément ou en séquence ? Comment le temps peut-il s'inscrire dans ces images.[12] G. Moers, qui a beaucoup fait pour la prise en compte de la narratologie dans notre discipline, a présenté une interprétation originale d'une série d'ostraca à représentations animalières en plaidant avec conviction pour une réévaluation de la notion de narrativité appliquée à l'Égypte ancienne, et pour la reconnaissance d'une temporalité de l'image hors la contrainte séquentielle.[13] Parallèlement à de telles avancées modernistes, se maintiennent encore quelques interprétations bien plus conventionnelles de ces documents, nourries à la traditionnelle 'histoire de l'art', et vouées aux explications passe-partout ; on s'efforce de dénier tout contenu subversif ou simplement critique à ces représentations de bêtes jouant les humains,[14] comme si les Égyptiens n'avaient su prendre distance avec leurs univers idéologiques et religieux. Les débats demeurent ouverts, bien sûr, mais on devra désormais prendre en compte les apports de J. Maître.

[9] Vernus 2014, 460-1.

[10] Braun 2020, qui, au demeurant souligne l'importance des parodies animalières pour le problème. Voir encore Rogner 2019, 73-92 ; Rognier 2021, 571-3.

[11] Erman 1952, 93.

[12] Voir aussi Winand, Angenot 2016, 153-218.

[13] Moers 2023, 217-62.

[14] Babcock 2022. De la même autrice plusieurs publications sur le même thèmes sont parues ou à paraître.

Le Milan d'Afrique est-il l'anti-héros de la bande dessinée pornographico-satirique P. Turin, Museo Egizio CGT 55001 ?
Et autres remarques sur les rapaces du monde pharaonique[15]

Aṣ-ṣaqru uarākī ya ḥiddāya
"Le faucon est derrière toi, milan !"
Proverbe égyptien[16]

Ou : "Tel est pris, qui croyait prendre !", comme le dit le dicton, témoin d'un savoir naturaliste consacré par la tradition populaire dès au moins l'Antiquité classique.[17]

Tour à tour objet d'admiration et de répulsion, les rapaces n'ont, semble-t-il, jamais manqué d'attiser la curiosité des sociétés humaines qui les côtoient, au point qu'ils incarnent, dans bien des folklores, l'illustration manifeste de valeurs investies d'une symbolique complexe, et que l'on retrouve dans les formes d'expression de la culture, qu'elle en soit l'inventrice ou la dépositaire.[18] C'est le cas, entre autres, des écrits qui conservent parfois, au gré de la production scripturale, le ressouvenir des rapports d'un groupe à son environnement plus ou moins immédiat, conciliant, de fait, savoirs appris — sanctionnés par la tradition —, connaissances personnelles et recherches d'innovation. Avec ses milliers de textes sur tous les types de support ou presque, le Pharaonique, représente une source d'informations pour la recherche en anthropozoologie, d'autant plus que s'y était développé une véritable littérature de belles-lettres, propice à la conservation d'une imagerie immatérielle, faite d'une série de clichés patrimonialisés.[19]

D'entre tous les rapaces, le faucon serait, à coup sûr, celui qui force le plus l'admiration de

[15] Sur l'espèce, voir ci-dessous n. 50. Papyrus : https://collezionepapiri.museoegizio.it/en-GB/material/Cat_2031_001/ <consulté le 22.12.2019>. L'appellation usuelle du document est ambiguë. Parle-t-on du support (volumen), du matériau (papyrus) ou de l'œuvre ('Papyrus érotique de Turin')? Comme P. Vernus l'a fait remarquer, il s'agit d'une bande dessinée. Qualifier son contenu d'érotique est également inexact puisqu'il traite de pornographie et de parodie animalière; Vernus 2012, 114.

[16] Henein 2007, 89.

[17] C'est bien sûr l'argument de l'*Arroseur arrosé* de L. Lumière (1895); son succès repose sur le bouleversement des valeurs fondamentales de la vie en société, un biais d'autorégulation des tensions au sien du groupe hiérarchisé. Sur la figure culturelle du milan dans les mondes grec et romain: Arnott 2007, 114-5; Normand 2015, 403-16. On consultera l'œuvre produite par les poètes, fabulistes et zoologistes : Aristophane, *Les Oiseaux* [854-902; 1555-1719]; Aristote, *Histoire des animaux*, II, 4 [506a16-17]; Élien, *La personnalité des animaux* II, 47; Ésope, *Fables*, 134-6; Phèdre, *Fables* I, 31; Pline l'Ancien, *Histoire naturelle*, X, 12, etc. Amusément, l'histoire de l'édition de l'œuvre d'Ésope a redistribué les rôles du voleur malade et du brigand cruel, passant, au fil du temps, du corbeau (κόραξ) au milan (ἴκτινος), et de l'épervier (ἱέραξ) au milan. Sur le savoir dans le monde pharaonique et la figure du savant : Vernus 2019a; Vernus 2005a, 13-5. Citons, pour l'exemple, le P. New York, Brooklyn 47.218.48 + 85 publié par Sauneron 1989.

[18] On cherchera en vain l'origine de telle figure animalière tout comme celle de l'arachnophobie, et qui n'est pas datable par la culture matérielle ni attribuable à tel groupe mais liée à l'acquisition du langage et d'un patrimoine immatériel. L'un des tout premiers témoignages de cette histoire des relations à l'animal non-humain est un collier moustérien en serres de pygargue découvert en Croatie qu'on rapprochera de celles provenant du trousseau funéraire la tombe 1503 de Nagada, *c.* 3 900-3 500 BC. Radovčić *et al.* 2015; Londres, Petrie Museum UC4192.

[19] Vernus 2019b; Vernus 2013a, 102; Chauveau 2018, 7-11.

l'observateur par la fulgurance de ses attaques.[20] Par son aspect spectaculaire, le vol plongeant de certaines espèces résidant en permanence dans la vallée du Nil a dû marquer profondément les esprits des populations au point d'en faire, dans l'imaginaire collectif des groupes nagadiens IIA-B, le signe élu signifiant l'exercice du pouvoir souverain d'essence divine, conçu, dans les croyances, à l'image de celui qu'impose le Soleil au vivant par le rythme de sa course sans fin à travers le ciel. L'investissement symbolique de ce 'type' falconiforme oriente fondamentalement vers l'inaccessibilité de la fonction royale en dehors du lignage de la famille régnant par la volonté du démiurge. Il objective ainsi un discours totalisateur sur le monde tel qu'il était conçu dans l'étendue de ses réalités, fondant la légitimité de l'autorité dont se voit investi le règne de chaque nouveau souverain.[21] C'est ainsi la forme privilégiée qu'adopte Rê, le démiurge héliopolitain, mais aussi Horus, l'archétype par excellence de la personne morale de Pharaon telle qu'elle est redéfinie par le mythe osirien. De fait, ne dit-on pas de Ramsès III, dans sa performance du roi de guerre (*bỉk nṯrỉ*), qu'il 'buffette' (*ỉṯ*) et 'lie' (*mḥ*) les dangers menaçant l'existence de la Création, à la manière du rapace vrai qui fond sur une volée de passereaux apeurés ?[22]

A contrario, le milan serait, de son côté, celui qui sût le mieux s'attirer l'opprobre des

[20] Vernus 2005f, 369.

[21] Le motif du faucon illustrant le pouvoir apparaît à Hiérakonpolis au Nagadien IIA-B. Il mène à cette date une existence autonome, indépendamment de la figuration schématique de la façade d'un bâtiment prestigieux (palais voire forteresse, ou plutôt la suprastructure du tombeau royal ?): Hendrickx, Friedman 2007; Hendrickx, Friedman, Eyckerman 2011. En réalité, la signification du théonyme Horus n'est pas plus acquise que l'existence d'un zoonyme **ḥrw* qui aurait désigné un faucon au Prédynastique. De fait, aucun document ne vient confirmer l'hypothèse d'une dérivation à partir du Vb *3ae inf.* *ḥrỉ* "s'éloigner (sur un plan horizontal), être loin", en référence au vol de l'oiseau (*ALex* 77.2807 et 77.2768; F*DC* 175; *Wb* III, 145.1-146.5). Il semble en revanche qu'il serait plus sûr de faire l'hypothèse d'un nisbé formé sur la préposition *ḥr* "sur, au-dessus" qui oriente vers le sens: "Celui qui est sur, au-dessus (du *serekh*)", ce que confirme le *Spell* 148 des *Textes des sarcophages* qui en donne une étymologie possible au Moyen Empire par le biais d'un récit mythique dont l'intrigue est précisément le modèle de la succession au trône. Le cas échéant, il faudrait lire le premier des cinq grands noms de la titulaire royale comme "le *Faucon* de N" et non "l'*Horus* N"; la formulation est d'ailleurs d'usage protocolaire dans la phraséologie officielle, par exemple en façade du *Speos Artemidos*: *psd ỉṯn sš=f ḥr nḫbt ḥm=ỉ q3ḥ nỉk=ỉ ḥr tp srḫ n ḏt ḏt* "Lorsque l'orbe solaire irradie, elle projette ses rayons de lumière sur la titulature de Ma Majesté car mon *Faucon* est élevé au sommet de la façade du palais pour la marche de l'histoire (litt.: *le corps de l'éternité*)". Ce Faucon divin d'Horus est le signe d'écriture hiéroglyphique notant le nom royal : Dunand, Zivie-Coche 1991, 18-20; Giluda 1982, 259-65; Goedicke 2004, 87-9; Hornung 1992, 29-30; Mathieu 2013, 2-4.

[22] Edgerton, Wilson 1936, 33; Kitchen 1983, 26; Nelson *et al.* 1930, pl. XXVIII. Les exemples similaires sont particulièrement nombreux. À comparer avec la relation de l'attaque du Faucon hobereau contre une volée d'Hirondelles rustiques dans Géroudet 2013, 279-80. Il s'agit de termes de volerie, voir *Encyclopédie* II, 1751, col. 459, *s.v.* "BUFFETER, (*en Fauconnerie*) c'est donner [un coup] en passant contre la tête d'un plus fort, ou contre la tête d'un leurre, quand on le fait battre aux oiseaux. On dit *cet oiseau a buffeté la proie*." et *Encyclopédie* IX, 1765, col. 492, *s.v.* "Lier, (Vènerie.) se dit du faucon qui enlève la proie en l'air en la tenant fortement dans ses serres, ou, lorsque l'ayant assommée, il la lie & la tient serrée à terre". Le concept de l'animal vrai, par opposition à son image culturelle, a été forgée par F. Poplin. On l'utilisera dans ce sens de façon nuancée car cette dernière, qui n'en est pas moins réelle, concurrence fortement la première au point de s'affranchir facilement de la référence au naturalisme (et à la réalité zoologique du signifié): Houlihan, Goodman 1988, 48; Lortet, Gaillard 1905, 296; Poplin 2008, 21.

sociétés traditionnelles par ses chapardages parasites, motivant par-là l'intrigue d'histoires nombreuses.[23] En effet, l'oiseau s'illustre tant par la qualité de sa technique voilière que par le mauvais usage qu'il en fait pour parvenir à des fins condamnables... Il faut dire qu'avec son régime alimentaire opportuniste, ce dernier multiplie avec témérité les stratégies d'acquisition de nourriture : charognage, ébouage, piraterie, prédation, etc. ce qui lui permet d'occuper une niche écologique élargie et de peupler une aire de diffusion très vaste à l'échelle du monde.[24] Polyvalent et polysémique, c'est lui aussi un performeur d'un type particulier.

L'appariement du faucon et du milan dans le folklore pharaonique
Les Recommandations à l'apprenti scribe
L'observation des différences patentes qui distinguent les genres *Falco* et *Milvus* paraît avoir été la source d'inspiration à l'origine d'un poncif prisé par les auteurs d'œuvres littéraires pour présenter la vision totalitaire d'une idée.[25] C'est le cas par exemple de la relation des réprimandes du maître à l'élève que l'on trouve dans les miscellanées ramessides mettant en œuvre la contrainte du dominé par le dominant, c'est-à-dire le recours légitime à l'usage de la force par le pouvoir établi:[26]

(Met-toi en tête de retenir ce que j'ai dit, car il t'en arrivera des bienfaits !)

twtw ḥr sbꜣ ꜥkyky r kzkz   *s-b–k-k | k-z-k-z*
twtw ḥr qḥ ssmt   *q-ḥ | s-s-m-t*
twtw ḥr di̓t ḏri̓t r zšw   *d-t–ḏ-t | z-š*
twtw ḥr dnḥt bi̓wk   *d-n-ḥ-t | b-k*
"On apprend aux singes savants à danser, °[27]
On mate les chevaux d'attelage, °
On met la milane à l'aire de ponte, °
On prend par les ailes les faucons !"[28]
(Active-toi à prendre conseil ! Ne néglige pas ça !)

Aux dires du maître, la crainte du châtiment corporel serait le meilleur des stimulants pour réussir dans les études! Fort de ce constat, l'argument se fonde sur l'énumération d'une série d'exemples familiers de l'élève afin illustrer le succès d'une méthode éprouvée, y compris

---

[23] Aux nombreuses fables antiques, ajoutons le personnage de Huber dans le *Roman de Renart*. Sur la figure du milan dans l'Occident médiéval: Louison 2009; Van Den Baudouin 1990, 59, n. 155.
[24] Cramp *et al.* 1980, 28-9; Ferguson-Lees, Christie 2010, 92, 382.
[25] Sur la figure du milan dans la culture Pharaonique: Arpagus 2013; Driesch *et al.* 2005; Evans 2007; Houlihan 1996, 126, 211; Houlihan, Goodman 1988, p. 36-8; Maître 2020a; Maître 2017; Störk 1986; Vernus 2005g, p. 396-7, 744. L'interprétation du passage de la stèle K2 ne nous semble pas convainquant et serait à revoir.
[26] P. Londres, BM EA10246,2 (pAnastasi 3), r° IV, 1-2; Caminos 1954, 65; Gardiner 1937, 24-24a; P. Vernus 2010, 478-9. Le thème du rapport de force est fondamental dans la culture pharaonique en ce qu'il objective un modèle de relations institué par la couronne en une norme de vie pour les existants du monde au moyen du dogme pharaonique *smn mꜣꜥt/dꜣr i̓sft* "faire (per)durer l'ordre en chassant le désordre".
[27] Cannuyer 1984, 191; cet auteur a montré que le zoonyme n'est pas un nom d'espèce mais un type définit par le dressage; n'est savant qu'un singe sachant des tours, peu importe son espèce.
[28] On notera l'appariement topique du cheval et du faucon par le biais de la vélocité de leur course. Voir aussi Élien, *La personnalité des animaux*, IV, 44.

avec les animaux sauvages les plus rétifs au dressage, comme le lion. Le faucon, d'ordinaire insaisissable en vol, se voit ainsi pris par les ailes à la manière d'une vulgaire volaille portée en offrande vers le lieu du sacrifice alors qu'elles incarnent l'emblème de la vélocité qui fondait la supériorité de son statut dominant l'avifaune. Le sort du milan, lui, semble à première vue moins évident à saisir puisqu'il soulignerait la difficulté que représente de son élevage en captivité.[29] Si la pertinence de cet exemple repose sur le dénichage, ce dernier n'est mobilisé ici qu'à des fins purement rhétoriques par l'argumentation, tant sa pratique devait être banale.[30] La pharmacopée pharaonique, par exemple, en fait grand cas.[31] En fait, sa signification apparaît plus clairement si l'on évite de dissocier le destin du milan de celui du faucon. Abondant et familier, le rapace est moins difficile à se procurer d'autant plus qu'il s'acclimate facilement à la proximité des occupations humaines dont il profite des activités productrices de déchets organiques consommables.[32] *A contrario*, le faucon, est un oiseau farouche qui niche à l'écart dans des endroits d'accès difficile, comme les escarpements rocheux, ce qui explique en partie sa relative rareté dans la composition des dépôts cultuels de momies animalières aux époques tardives.[33]

Qu'il vole donc haut et vite, ou qu'il tournoie sempiternellement en l'air, l'un et l'autre sont au final captifs de l'homme qui les prive de liberté pour les exploiter à son avantage. Chacun

---

[29] Le passage trouve un écho dans l'*Enseignement d'Ani*, P. Le Caire, Egyptian Museum CG 58042 (pBoulaq 4), XXIII,5: *tꜣ s͵ỉw (ḥr) hꜣỉt m qbḥw* | *ỉw⸗tw m-sꜣ⸗se ḥḏnw⸗se m tꜣ ỉꜣde* "La Sarcelle d'hiver redescend du Paléarctique si bien on la pourchasse et qu'elle se débat (litt. *s'*énerve) dans le piège à panneaux". *Anas crecca* (Linnæus, 1758) est un migrateur ; la raison de sa présence dans l'argumentation s'explique par l'investissement symbolique de ses déplacements saisonniers qui l'érigent en parangon de l'insaisissabilité. La figure est donc analogue à celles du milan et du faucon mais développe un autre aspect du déplacement fondé sur le voyage. L'exemple du déporté soudanais, balbutiant un mauvais égyptien, est également intéressant en ce qu'il trouve un écho dans 11 qui précise qu'une des premières choses qu'on apprenait aux prisonniers de guerre étrangers était l'égyptien. Le passage ne fait pas référence à sa prétendue animalité mais au défi que représente une intégration réussie à l'économie du monde pharaonique. Son appariement avec l'âne battu qui n'obéit pas pose la question non pas de la différenciation de l'homme à la bête, mais du civilisé au sauvage. À comparer, comme le suggère P. Vernus, avec le singe de Haute-Nubie du P. Bologne 1094: Maître 2020a; Maître 2018, p. 45-46; Maître 2017, p. 94-7; Mariette 1871, pl. XXIII; Quack 1994, 188-90, 335; Vernus 2010, 329, 339, n. 114.

[30] À commencer par les enfants, avec des espèces bien plus faciles à prendre comme par exemple les passereaux qui colonisent les jardins. Il n'y a rien d'étonnant à ce que le milan était capturé par l'homme pour qui il représente une ressource potentielle à exploiter. Sa capture ne représente pas un argument recevable pour affirmer son élevage en captivité afin d'alimenter la production des momies animalières bien plus tardive que le texte. Sur l'oisellerie comme activité ludique et économique complémentaire pratiquée par les enfants, voir: Caminos 1956, 10, pls. 2a-2; Davies 1927, pl. XXX; Maître 2017, 97, n. 31.

[31] Citons, entre autres exemples, le cas Eb. 457; Bardinet 1995, 317; Wreszinski 1913, 122.

[32] Maître 2017, 93, 100.

[33] À peine le tiers des rapaces découverts à Kôm Ombo est déterminé comme étant des espèces de faucon; le genre y est représenté par une très forte majorité d'individus appartenant à l'espèce *Falco tinnunculus* Linnæus, 1758, laquelle est loin de présenter une livrée comparable à celle donnée à voir par les figurations du faucon d'Haroëris. Cette tendance est confirmée par la fouille d'autres site, comme la nécropole d'animaux de Touna el-Gébel; Driesch *et al.* 2005, 203-44; Géroudet 2013, 274; Lortet, Gaillard 1905, 124-70. Sur les plateaux comme lieu de reproduction, voir: Meeks 1991, 238.

représente l'un des éléments constitutifs d'un 'couple-type' d'opposés complémentaires fondé sur l'appariement de leurs différences, définissant ainsi les jalons extrêmes d'une vision qui se veut totalisatrice. Le message est clair : aucune des créatures conçues et réalisées par le démiurge ne peut se soustraire à l'emprise exercée par la première d'entre elles, l'humain (*rmṯ*), puisque celui-ci œuvre à la mise en culture des 'jachères du divin' pour la plus grande gloire du dieu.[34] Dans cette pensée systématique, les insoumis sont un danger exclu de la Création qu'ils menacent par leur existence impie ; ils représentent des réalisations manifestes du désordre (*ỉsft*) procédant du Noun qu'il est nécessaire d'anéantir *manu militari*. D'où la raison d'être des mises en garde récurrentes contre le découragement de l'élève face à l'effort du travail qui lui est imposé ! Chasseur spécialisé et nettoyeur invétéré sont appariés en un couple antithétique où chacun se distingue en s'opposant à l'autre par ses différences, traçant la première esquisse d'une catégorie ouverte d'existants aviens regroupant en son sein un ensemble d'oiseaux dits de proie et de rapines.[35]

Le cas Eb. 848

On trouve, ainsi, dans le recueil de prescriptions iatro-magiques du papyrus Ebers, le préservatif suivant pour se prémunir des déprédations causées par le milan en maraude:[36]

kt nt tm rdỉ ẖnp ḏrwyt(ỉ)
ḏʿʿ n šndt | rdỉ ʿḥʿ=f
ḏd ḥr z | ḥr ṯꜣ.n=f m nỉwt m šꜣ ỉbt=f šꜣ
pꜣyt pz=f wnm=f
ḏd mdw ḥr ḏʿʿ šndt rdỉ fqꜣ ḥr=f
tm rdỉ ẖnp ḏrwyt pw

"AUTRE (procédé) POUR EMPÊCHER UN ACCIPITRE[37] DE RAPINER: rameau d'acacia; faire qu'il tienne droit. QUE L'UTILISATEUR DISE: "(Ô) Horus, il (i.e. l'accipitre) a volé en pleine rue (litt. *en ville*) ou: à la campagne[38] car il a soif de campagne! Le volatile, qu'il cuise et soit consommé!"

---

[34] Ce concept fondamental est élaboré par VERNUS 2011, 183. On peut lui associer le terme de lande qui oriente sur l'état incultivé d'un espace périphérique exploité de façon saisonnière pour ses ressources, et susceptible d'être transformé en terre agricole.

[35] GOLDWASSER 2002, 80. On considèrera, en premier lieu, le *ductus* des signes d'écriture hiéroglyphique G 1, G 4, G 5, G 14 et G 17 dans GARDINER 1994, 467-9.

[36] P. Ebers XCVIII, 2-6: BARDINET 1995, 363; BORGHOUTS 1978, 49-50; BRYAN 1930, 167; EBERS 1875; LORET 1903; WRESZINSKI 1913, 203.

[37] Comparer avec la stèle Louqsor J43, l. 7 dans: HABACHI 1972, 34-5, n. b, pl. VI, fig 12.

[38] L'apposition des termes exprimerait plus une disjonction qu'une coordination. Pour être efficace, le conseil se doit de prendre en compte l'ensemble des cas susceptibles de se présenter, d'où sa portée élargie à un couple-type d'opposés complémentaires couvrant l'étendue du problème à traiter. La traduction de l'égyptien par 'campagne' ne vise qu'à rendre cette dualité dynamique. Le sens n'oriente pas tant vers un paysage qu'à un type de terrain marécageux, par exemple une fondrière exploitée en

DIRE CES MOTS SUR UN RAMEAU D'ACACIA ET Y DÉPOSER UNE FRIANDISE; ÇA EMPÊCHE UN MILAN DE RAPINER."

L'astuce consiste à ficher de la nourriture au bout d'une branche plantée dans le sol, en guise d'appât. Son principe est empirique puisqu'il exploite l'opportunisme alimentaire bien connu du milan pour le piéger en l'exposant à la triple attaque surprise de son ennemi naturel: le l'animal humain réel civilisé, l'animal réel non humain sauvage, l'être divin irréel.[39] On peut relever le sens figuré de soif comme métaphore du désir; la déprédation est un besoin naturel nécessaire à la santé du rapace qui est par nature nuisible à l'homme (TC 80, CT II, 42b). Il y a plus. L'invocation du dieu adopte à dessein la formulation d'une plainte adressée à l'autorité judiciaire suprême: celle qui émane directement de la sphère divine, l'icône du signe d'écriture G 5 figurant le faucon emblématique d'Horus mais aussi de son aïeul, Rê, l'inventeur de la royauté universelle. Cette délation d'un crime au dieu patron de la monarchie repose sur l'espoir qu'il restaure l'ordre normal des choses par le châtiment du criminel. L'intervention du dieu se fait par le truchement d'un spécimen naturel incarnant l'expression manifeste de l'agentivité de son pouvoir aux yeux du plus grand nombre.[40] Ce faisant, elle transcende à l'occasion le ressort de la juridiction humaine qui, bien qu'elle en émane, lui demeure toutefois subordonnée, et ce d'autant plus qu'elle passait sans doute pour incompétente en la matière...[41] Dans ce système de penser le monde, la question de l'efficacité de envoûtement du bâton ne se pose pas puisque sa réalité subjective ne faisait aucun doute. Elle se fonde sur la maîtrise d'un savoir éthologique acquis à force d'observations répétées. Le faucon est, en effet, un rapace territorial qui attaque à

---

prairie, en lande ou en réserve de chasse et de pêche; *ALex* 77.4057; F*CD* 260; *Wb* IV, 399.7-400.5. La notation de ce milieu de vie est importante car il stigmatise s'appartenance à un type caractérisé par sa rapacité, à la fois animal humain (oiseleurs, pêcheurs) ET animal non humain (balbuzard, busard, milan pygargue, etc.), qui prélève pour vivre. MAÎTRE 2018, 48; VERNUS 2012, 111-2.

[39] À rapprocher de la technique d'oisellerie employant un piège à mâchoires. La détente des ressorts qui les maintient en tension est précisément une cheville où l'on fiche un vif afin d'appâter le gibier ; on prenait de cette façon plusieurs espèces de passereau, spécialement le Loriot d'Europe et Rollier d'Europe : DUELL *et al.* 1938, pl. 162; KANAWATI, EVANS 2018, 36, pls. 42, 79-80; NEWBERRY 1893, pls. VI, XIV, XVI; SCOTT 1940, 163-4.

[40] C'est-à-dire la capacité du dieu à mobiliser son efficience pour la déployer de façon sensible. Le résultat objectif de ce déploiement serait à rapprocher du *ba* vivant associé à la participation d'un animal non humain à la célébration d'une forme particulière de culte rendu en l'honneur de la divinité. Le spécimen de rapace diurne tenu en captivité à Edfou représente l'animation du *ba* d'Horus avec lequel il n'était pas confondu, *Edfou* VI, 308.1-2: *pꜣ ʿẖm ʿnḫ ʿwt nr rʿ ḥr ꜣḫti* "(Ô) idole FALCONIFORME animée, la bête de Rê-Horus l'Horizontain". Ce dernier en tant qu'individu d'une catégorie d'existants est une *ʿwt nṯri* "bête déifiée", traduit en grec ancien par ἱερὰ ζῶα "animaux sacrés" sur l'O. BNU Strasbourg 3.6926 (OPJ 15), 7. Cette sacralité provient de sa valeur liturgique d'où un statut analogue — mais différent — par rapport à celui de l'idole. Le paroxysme de l'investiture du nouveau *ba* vif d'Horus à Edfou est précisément l'onction de la statue de culte au moyen du liquide lacrymal du spécimen de faucon. Il faut donc y voit un type nouveau d'image divine caractérisée par son animation. L'animal agent principal du rituel divin est un acteur qui joue à vie le rôle liturgique d'un des bas possibles du dieu auquel il est consacré et dont la performance réactualise en perméance l'expression manifeste d'une réalité sensible autrement subjective: ALLIOT 1949, 568-88; COLIN, ADAM, PRANJIC 2014, 48; PREISIGKE, SPIEGELBERG 1914, 10, pl. 4, fig 11.

[41] On aurait bien là, en réalité, l'indice d'une forme de procès intenté par l'homme à l'animal; c'est d'ailleurs le mécanisme qui normalise le meurtre que représente l'abatage rituel de la bête sacrificielle lors de la célébration du culte funéraire: ASSMANN 2003, 118-9.

Fig 1. La section des parodies animalières et la case X + 7. Paris, musée du Louvre E 11656

vue tout prédateur potentiel s'approchant de son aire durant la période de nidification; l'oiseau n'hésite pas à chasser plus grand que lui pour défendre sa nichée, y compris un autrerapace comme le milan dont l'envergure est deux fois supérieure à la sienne. Sa consignation au sein d'un ouvrage technique — il s'agit d'un traité iatro-magique —, compulsé par des praticiens pour répondre de façon concrète aux attentes de leurs patients, nous renseigne directement sur l'élaboration des connaissances et les mécanismes de leur diffusion au sein de la société pharaonique.

Le sort du milan ne manque pas non plus d'intérêt. La malédiction qu'il encourt le déchoit au rang des simples volailles qu'il menaçait d'enlever, inversant le sens du rapport de force initial en sa défaveur, à la manière du monde bouleversé des prophéties.[42] Sa consommation rétablit *de facto* la primauté du Civilisé producteur sur le Sauvage déprédateur, lequel intègre, bon gré mal gré, par la neutralisation de sa dangerosité, le cosme de la Création. D'un naturel grégaire, le milan profite du voisinage des occupations humaines sur son territoire de chasse, si bien qu'il écume en nombre, encore aujourd'hui, le ciel des faubourgs africains en quête d'une pitance facile à glaner.[43] Retenons que la réputation de voleur qui lui colle à la peau était déjà

---

[42] La description d'un monde où l'ordre normal des choses est inversé est un poncif du genre prophétique dans la littérature pharaonique. À comparer, par exemple, avec *Néferti* Xg: *tm ỉr mḥ n≠f | ỉr šw* "Le fainéant s'enrichit alors que l'actif n'a rien !", et XIIb: *šȝw-ʿ m nb-ʿ* "Le démuni est désormais l'homme fort"; HELCK 1970, 41, 48. Le milan, par sa nonchalance et son opportunisme naturels — il s'agit d'économiser un maximum d'énergie — représente un perturbateur de l'ordre social: ASSMANN 1999, 51-3; WALLE 1980; WALLE 1969, 18-22.

[43] On en voit des centaines survoler en permanence le cimetière Farouq à Khartoum 2 (2007). Au Caire, ils sont se sont réfugiés au zoo de Gîza. Le milan en chasse a tendance à privilégier des proies faciles comme les poussins, spécialement ceux des volailles de basse-cour où son audace le pousse à s'aventurer, voir GÉROUDET 2013, 181. N. Henein a également collecté un proverbe égyptien qui s'en fait l'écho : "Le milan ne jette pas de poussins! " signifiant qu'il est inutile d'espérer qu'il les relâche.

solidement établie dans l'imaginaire collectif dès au moins la période thinite.[44]

Le rôle satirique de la figure du milan dans la parodie animalière

Heurs et malheurs du papyrus dit 'érotique' de Turin

En dépit du respect dû à l'ordre, la loi du plus fort ne faisait pas toujours le bonheur de tous les administrés de la couronne, comme l'illustre le succès des parodies animalières qui dévoilent, sous couvert du travestissement, une critique acerbe du poids des puissants sur la masse des plus humbles. C'est le cas du papyrus P. Turin, Museo Egizio CGT 55001 qui livrerait le meilleur d'un ensemble de récits ayant en commun la transgression des normes fixant la conduite de la vie quotidienne, qu'elles soient d'ordre physique ou relationnel.[45] Or, plusieurs de ces scénettes tournent en dérision le métier de roi, spécialement le numéro X + 7, situé à l'extrême à gauche du registre supérieur, dans la partie animalière, et qui donne à voir un oiseau inconnu conduisant une file de captifs (fig 1).[46]

Historique

Acquis à Louqsor par le proconsul de l'Empire français Bernardin Drovetti, le *Papyrus érotique de Turin* fut revendu en 1824 à Victor-Emmanuel Ier de Piémont-Sardaigne, lequel souhaitait pourvoir sa capitale d'une collection d'antiquités égyptiennes de renom, susceptible de rivaliser en prestige avec celles des autres cours européennes.[47] L'état de conservation du volumen est fragmentaire ; il mesure actuellement 259 cm de long, sur 21.5 cm de large. Sa datation, établie selon des critères épigraphiques et iconographiques, serait comprise entre le début de la dix-neuvième dynastie et la première moitié de la vingtième dynastie. Le document, au final, pourrait donc être l'œuvre d'un maître-dessinateur de la communauté, très sélecte, des artisans de la Tombe royale qui vivaient à Deir el-Médina au milieu de l'époque ramesside, *c.* 1279-1153 BC.

Boudé par l'égyptologie, le papyrus fut remisé dans un coin. En effet, son contenu était jugé tabou car contraire à la morale de la société: pratiques sexuelles, hominisation des bêtes,

---

Le motif de la prédation, on l'a vu, était aussi bien présent dans la tradition fabuliste, par exemple: Ésope, *Fables*, 8, "Le Rossignol et l'Épervier" (comparer avec *Ounamon*, P. Moscou 120, rº II, 34: *yꜣ mꜣi͗w mr ꜣḫwt=f* "De fait, le lion (i.e. Amon) aime ses affaires!"; GARDINER 1932). Le même proverbe se retrouve, à peu de chose près, en wolof : "le milan a emporté le poussin" qui équivaut à "À ventre affamé, point d'oreille!"; DIOUF 2003, 203. L'image se retrouve mobilisé jusque dans l'œuvre du jésuite Jacques Nouet, *L'homme d'oraison*, 576: "Ô Seigneur ! Ne me la (i.e. la Grâce) refusez pas; car, si vous ne me protégez, parce que je ne suis qu'un petit poussin, le milan m'emportera".

[44] Selon Belon, *L'Histoire de la nature des oiseaux* II, 26, 131: "Les Turcs qui vivent à Constantinople prennent souvent plaisir à leur jeter des morceaux de poumons de bœufs, ou autre chair bien haut en l'air: Car les Milans descendent de raideur [i.e. avec rapidité, impétuosité du mouvement], et empoignent la chair avec leurs griffes avant qu'elle soit retombée à terre.", II, 27, p. 131: "Car étant en Égypte en automne, (nous) avons su qu'ils s'y retirent en hiver, et y sont si privés [i.e. familiers] qu'ils n'ont guère peur des gens. Aussi (nous) les avons vu manger les dattes sur les palmiers, et venir jusque sur les fenêtres des maisons du Caire". Buffon, *Histoire naturelle des oiseaux* 1, 205, rapporte que les milans: "sont si familiers qu'ils viennent dans les villes et se tiennent sur les fenêtres des maisons; ils ont la vue et le vol si sûrs, qu'ils saisissent en l'air les morceaux de viande qu'on leur jette"; GÉROUDET 1978, 172-3, 179-180; SHELLEY 1872, 196. Voir le milan, parangon du voleur, dans la clé des songes du P. Londres, BM EA10683,3 (pChester Beatty 3), rº VIII, 9-11.

[45] KESSLER 1988; VERNUS 2013a, 106-107; VERNUS 2013b, 114.

[46] BRUNNER-TRAUT 1970, 127, 133, 137.

[47] DAWSON, UPHILL 1972, 90.

bouffonnerie, etc. (blessure narcissique), ainsi qu'aux idées reçues de l'époque sur la culture pharaonique. De plus, il ne s'agit pas texte littéraire, ni d'un dessin d'art, ce qui n'incitait pas à l'étudier. Ainsi, le papyrus tomba peu à peu dans l'oubli jusqu'à la parenthèse enchantée; ce n'est d'ailleurs peut-être pas un hasard si Joseph Omlin publia l'édition princeps de ce document au début des années 1970. Ce délaissement prolongé ne fut pas conséquences pour la conservation du document. En effet, son état s'était dégradé, causant des pertes de matière. Aujourd'hui, ces lacunes empêchent la vérification de l'exactitude des copies anciennes alors qu'elles divergent sur un certain nombre de détails.[48] On le mesure en comparant les copies anciennes, datables d'entre 1826-1828, et la reconstitution publiée par Lepsius en 1842, c'est-à-dire moins de vingt ans plus tard.[49]

Généralités

La composition de l'œuvre s'apparente à celle d'une bande dessinée.[50] Il s'agit du développement d'un ensemble de tableautins répartis en deux séries thématiques de longueurs inégales, chacune étant clairement différenciée de l'autre par un trait vertical transitoire servant d'articulation au tout; la séparation marquée par cette ligne de démarcation symbolique n'est pas infranchissable.[51] Le tiers droit du rouleau est dévolu à la présentation des sujets de parodie animalière, le reste l'étant à ceux de la pornographie.[52] La partie animalière est anépigraphe, suggérant une lecture immédiate des récits mis en images. Au total, quinze de ces petits tableaux y sont figurées à la suite les uns des autres le long de deux registres superposés. On distingue *grosso modo*, au sein de ce sous-ensemble, deux types de scénettes ayant pour sujet la représentation de fonctions royales : en haut, la célébration du culte divin et en bas, la conduite de la guerre à l'étranger. Autour gravitent l'illustration d'autre sujets satellites comme la pastorale et la reproduction d'au moins une fable.[53]

---

[48] Andreu-Lanoë 2013; Lepsius 1842; Omlin 1973, pls. I, III, X, XI, XIII, XV-XVII et XVIIIb. On notera que le dessin Louvre E 11656 était lui aussi remisé dans un débarras…

[49] J.-F. Champollion étudie la collection Drovetti à Turin en 1825. En 1826, il rencontre H. Rosellini à Livourne et G. Seyffarth à Rome. C'est vraisemblablement entre cette date et le départ de l'expédition franco-toscane en Égypte (1828) qu'il faut situer la réalisation de ces copies anciennes. Dawson, Uphill 1972), 253; Hari 1982, 76-7.

[50] https://www.cnrtl.fr/definition/bande <consulté le 17.12.2019> en donne la définition suivante: "Séquence d'images, avec ou sans texte, relatant une action au cours de laquelle les personnages types sont les héros d'une suite à épisodes". P. Vernus a présenté dans une série de travaux récents une étude détaillée du papyrus expliquant la nature et le fonctionnement de l'œuvre qui, de fait, est bel et bien une bande dessinée dont le principe n'est d'ailleurs pas étranger aux livres de ce qu'il y a dans la Douat; Vernus 2013, 111.

[51] L'unité de l'œuvre a été démontrée magistralement. On remarque ainsi que certains objets : char, lyre sculptée de sujets animaliers, contenants divers, sont figurés à l'identique dans chacune des deux parties.

[52] *L'Origine du monde* de G. Courbet (1866) est une œuvre de commande passée par le diplomate turco-égyptien Khalil-Bey; le tableau, à l'origine voilé, n'était exhibé qu'à des hôtes de marque qu'on souhaitait honorer en les divertissant par la vue d'un spectacle vulgaire dont l'intérêt réside dans la transgression de l'interdit moral qui consiste à ne pas regarder sous la jupe des filles.

[53] C'est également le sujet de l'O. Le Caire, musée de l'agriculture du Caire JE 881 (oDeM 2717); Vandier d'Abbadie 1937, 149, pl. XCII. Noter le corvidé en bas à gauche et le panier dans le feuillage. On peut expliquer plusieurs biais — calembour, ironie, etc. —, et ainsi goûter à notre tour au comique de situation. L'argument exploite la gourmandise de deux déprédateurs de cultures: l'hippopotame (*dꜥbỉ*) et la corneille (*gꜥbgꜣ*). L'un et l'autre s'affrontent dans une course aux fruits (*dꜣbw*) du

La progression du récit imagé n'est cependant pas linéaire, et la lecture des épisodes mis en scène n'a rien d'évident pour le public d'aujourd'hui ; tout juste est-on en droit de supposer qu'un sens de lecture possible des cases suivrait naturellement celui de l'écriture, de droite à gauche. C'est le cas, par exemple, de l'orientation des figures qui n'entrent pas dans une dynamique d'affrontement. De fait, dans la plupart des cas, c'est ce principe qui guide leur distribution dans la mise en page. Son avantage principal est son attractivité puisqu'il impose au regard un balayage dynamique, suggérant la tension des rapports qu'entretiennent entre eux les personnages de l'histoire.

Si l'on observe encore l'agencement des tableaux dans sa globalité, on s'aperçoit également qu'il existe un décalage important entre l'extrémité gauche et le reste de l'ensemble. Celui-ci est clairement perceptible par le biais du tracé discontinu de la ligne brisée qui matérialise le registre supérieur, et la hauteur inégale des surfaces qu'elle délimite. Le fait suggère que la place accordée aux tableaux situés au-dessus, dont la taille est de plus grandes dimensions, primerait sur celle de ceux situés au-dessous, dont la taille est de plus petites dimensions, suggérant une importance secondaire dans la lecture de l'œuvre.

On en déduit l'hypothèse d'une création en deux temps, soit qu'ils aient été prévus dès la conception du projet, soit qu'ils témoignent de son réajustement en cours de réalisation par l'auteur du dessin, laissant la porte ouverte à l'interprétation du processus créatif. La partie gauche pourrait donc être un ajout complémentaire, venant enrichir l'ensemble qu'il prolonge, ce qui confirmerait l'hypothèse d'un sens de lecture allant de la droite vers la gauche.

Le tableautin montrant une file de personnages

On constate, tout d'abord, que la case X + 7 se raccorde particulièrement bien avec sa voisine de droite, X + 5, où sont également figurés des prisonniers de guerre ; elle s'inscrirait donc logiquement dans la continuité thématique de la séquence.[54] Ici, ce sont des gazelles qu'on voit mener un lion, inversant le sens du rapport de force qui prévaut naturellement dans les relations entre proie et prédateur. Ce bouleversement est également d'ordre social. L'image du lion, parangon de la force brute, est l'un des emblèmes usuels servant à symboliser la domination de Pharaon sur l'étranger. Or, celui-ci est représenté nu, dans les fers. On peut aller plus loin dans la compréhension de l'ironie de la scène puisqu'à l'époque ramesside, les menottes des prisonniers de guerre empruntent parfois à l'occasion la forme d'un lion bondissant — gage de plus de sûreté, et rappel de la domination qu'exerce le roi —, comme c'est le cas à Karnak et à Médinet Habou.[55] À l'inverse, son geôlier porte un pagne luxueux, et tient une verge, une arme

Figuier sycomore. En dépit de sa lourdeur, le premier atteint l'arbre avant sa rivale par le truchement d'une échelle; un panier (*gꜣbw*) est arroché dans les branches. L'oiseau était-il perçu comme boiteux ($g^{e}b$-$g^{e}b$) car sautillant? Une variation sur ce thème l'oppose au babouin dont il triomphe de l'agilité par sa capaciter à voler jusqu'aux noix d'un Palmier doum. Le récit met à chaque fois en scène un monde bouleversé à des fins moralistes, dénonçant des travers bien humains "La gourmandise est un vilain défaut!", "On trouve toujours plus fort que soi!", etc. Il est donc vain — et risqué! — de défier l'autorité du dieu puisqu'il destine ses créatures à œuvrer à la création; la sagesse préconise de s'en tenir à sa place, en faisant confiance à la bonne fortune. Outre l'intérêt pour l'anthropologie religieuse, l'étude de ces ostraca ouvre une fenêtre sur la vie culturelle de la classe moyenne à la période ramesside. Maître 2017.

[54] X + 6 et X + 7 sont une unité de deux éléments, comme X + 4 et X + 5; c'est nettement visible par le tracé des lignes de registre et l'encadrement des figures centrales par les figures marginales, soulignant un tout thématique. Omlin 1973, 29-30, 39.

[55] Chevrier 1955, 8, fig 1, pl. I, fig A-B; Keimer 1957, 97-8; Nelson *et al.* 1930, pl. 43; Wit 1951, 16.

Fig 2, a-f. Détail de la figure avimorphe :
a) original. © J. Maître. b) copie Rosellini P (Pise). d'après OMLIN 1973, pl. XV.. c) copie Seyffarth (c. 1826 ?). d'après OMLIN 1973, pl. XI. d) copie Rosellini L (Copie du papyrus satirique de Turin, dessin attribuée à Rosellini (Louvre E 11656) ; copie d'après l'exemplaire conservé à la bibliothèque de l'université de Pise ?). Louvre E 11656 © 2013 Musée du Louvre, dist. RMN-Grand Palais/Christian Décamps. e) reconstitution de Lepsius (1842). d'après LEPSIUS 1842, pl. XXIII.. f) reconstitution de Tosi (c. 1968-1971 ?).d'après OMLIN 1973, pl. XIII.

que l'on retrouve aux mains des surveillants.[56] L'épisode se veut donc moraliste : la violence du fort ne fonde pas la légitimité de son pouvoir à commander au faible; c'est même l'inverse. Mais il a plus, car l'inversion des valeurs sert également d'exutoire à la frustration du dominé, et c'est désormais le faible qui, paradoxalement, exerce cette violence en représailles, ce dont il serait normalement incapable dans cette situation. L'association de la gazelle et du lion est également un cliché du genre parodique, que l'on retrouve sur un célèbre papyrus de Londres.[57] La mise en espace du tableau s'inscrirait donc dans une logique de continuation.

On observe ensuite une file de quatre personnages figurés à la queue leu-leu, qui s'avancent de la gauche vers la droite, en direction d'un édifice. La présence d'une corniche à gorge à son sommet indique qu'il s'agît sûrement d'une architecture en pierre, par exemple la porte monumentale d'une enceinte et non d'un bâtiment profane comme une maison d'habitation individuelle. À l'intérieur de cet espace s'activent deux chats, vraisemblablement des artisans. L'un touille un mélange tandis que l'autre manipule un vase. D'après les copies, un troisième personnage s'activerait peut-être autour d'objets coniques dont la forme est analogue à celle des moules utilisés en cuisine pour la cuisson des pains, et que l'on voit notamment dans le cadre de la production de bière. L'ensemble semble donc évoquer la préparation des produits de l'offrande divine dans l'enceinte d'un temple pour la célébration du culte divin journalier. On retrouve justement, un peu plus loin, un prêtre asinien consacrant un plateau d'aliments à un dieu léonin muni de la houlette et du chasse-mouche; le lion est jaune, couleur de l'or, suggérant une statue de culte. La présence des régalia oriente vers la représentation d'un roi déifié, d'autant plus que la figuration d'un taureau à sa suite pourrait faire allusion, par rébus, au *ka* royal.[58]

[56] Voir Bologne, EG 1887.
[57] P. Londres, BM EA10016,1 provenant également de Deir al-Médina. On ignore le sens de lecture de la bande dessinée qui pourrait être de droite à gauche. Il n'y a pas lieu d'interpréter la scénette représentant l'accouplement entre un lion et un ongulé comme étant la continuité de celle qui représente un lion et une gazelle jouant à un jeu de plateau puisque le pelage de l'un est gris et l'autre fauve… On privilégiera par conséquent la piste d'un âne avec une allusion possible au braiment de l'animal dont les ébats étaient déjà célèbres.
[58] Sur une base homonymique/homographique entre la désignation du taureau *kꜣ*, et cette composante de l'être *kꜣ*.

Fig 3. *Milvus ægyptius* (Gmelin, JF, 1788). © Peter Schwarz (CC-SA-BY)

L'identification des figures animalières

L'oiseau

En tête de cortège se trouve la figure d'un oiseau énigmatique, qu'une série de détails morphologiques présents sur la plupart des copies anciennes nous invite le rapprocher d'un membre de la famille des *Accipitridæ*.

La figure est dessinée à une échelle supérieure à celles des autres qui l'avoisinent; le procédé la soustrait à son environnement immédiat, soulignant par-là l'intérêt particulier dont elle est l'objet dans cette séquence d'images.

Il s'agit d'un oiseau d'assez grande taille, dont la forme est élancée. Il est figuré debout dans une posture redressée. La tête est petite et plate, le front fuyant [fig 2.a, c et e]. L'arcade est proéminente ; elle est marquée par un renflement [sauf fig 2.c]. Le sourcil est figuré par un trait situé au-dessus de l'œil [fig 2.b]. Le dessin de celui-ci varie du cercle orbitaire [fig 2.d] à un simple point. Le bec est long, recourbé dès la base en un crochet [fig 2.a et e]. Il est ouvert [fig 2.e]. Le maxillaire et la mandibule se touchent au bout ; celle-ci est droite, très fine. Le cou est allongé sans qu'il s'arque véritablement en un col de cygne. L'épaule est basse et ne dépasse pas au niveau du haut de poitrine. La longueur de l'aile est légèrement inférieure à celle de la queue ; les rémiges primaires sont figurées de profil. Les sous-caudales sont dessinées [fig 2.b-c et e]; les rémiges sont longues, droites, avec le bout arrondi. Les pattes sont démesurément longues; le tibiotarse est emplumé de culottes fournies, le tarsométatarse est déplumé. Les doigts sont courts et anisodactyles: on compte trois doigts dirigés vers l'avant sur la patte droite et un doigt dirigé vers l'arrière sur la patte gauche. Les griffes ne sont pas dessinées. Enfin, la livrée du plumage est uniformément sombre; elle se caractérise par sa couleur brun foncé. La tête, le bout de l'aile et les pattes sont coloriés en vert ou en gris, comme l'objet porté sur la tête par la figure suivante [fig 2.d-e].[59] Ces parties apparaissent en brun sur le cliché moderne; il y avait peut-être à l'origine deux tons, l'un étant plus foncé que l'autre. Selon les conventions artistiques propres aux règles du dessin égyptien, la représentation de la queue est rabattue sur le côté; son dessous est décoré d'un motif barré brun foncé.

Plusieurs détails, dans cette description, sont significatifs et orientent vers l'identification d'un accipitre: la posture redressée ("erect raptorial posture"), la silhouette élancée, l'arcade proéminente, le cou allongé, les culottes et la queue barrée. Il est possible, sur cette base, de se faire une première idée du référent animalier ayant servi de modèle au dessin en écartant d'emblée les rapaces nocturnes, puis les faucons. Reste alors les aigles, au sens large du terme. Sur les 264 espèces reconnues dans le monde, 34 l'étaient en Égypte en 1986, dont 28 sont bien attestées pour l'époque antique par l'archéologie. Si l'on enlève maintenant, pour des raisons évidentes, les vautours et les taxa qui ne correspondent pas à la topographie de l'oiseau décrit ci-dessus, trois types réduits à deux — en retirant les migrateurs — s'offrent à la recherche : un aigle, une buse et un milan. Les premiers, mis à part, peut-être, les représentants du genre *Clanga*, ne sont pas assez sûrs.[60] En gardant à l'esprit la présence saisonnière des buses, le choix se portera de préférence sur le genre *Milvus* dont on a pu mesurer l'importance de sa présence culturelle dans l'imaginaire paysan des Égyptiens anciens.[61] Sa voilure, importante par rapport à sa taille moyenne, lui permet de survoler nonchalamment le paysage en quête de la moindre opportunité pour s'alimenter sans effort inutile.[62] Sa queue, triangulaire, voire fourchue, lui confère en revanche une manœuvrabilité remarquable, l'autorisant à des approches louvoyées et des virevoltes spectaculaires. Chasseur médiocre, son régime alimentaire éclectique privilégie l'équarrissage des carcasses, avec une nette prédilection pour ceux des poissons crevés qui dérivent entre deux eaux au gré du courant.[63] Il affectionne donc la proximité de l'eau, et se regroupe volontiers pour exploiter en commun une source de nourriture, ainsi qu'en dortoirs pouvant rassembler de très nombreux individus.[64]

[59] Étrangement, c'est aussi le cas dans la *Description de l'Égypte*, voir ci-dessous n. 50; voir pl. 1.

[60] L'Aigle criard — *Clanga clanga* (Pallas, 1811) — et l'Aigle pomarin — *Clanga pomarina* (Brehm, CL, 1831) — sont attestés par une petite cinquantaine d'individus (soit 20 et 30); ces deux taxins se ressemblent beaucoup au point qu'ils ont longtemps été considérés comme ne formant qu'une seule espèce avec deux formes, grande (E160-182) et petite (E145-160). L'un est brun noir, l'autre brun foncé; les deux explorent souvent les marais, l'un fréquemment à pied ce qui en fait un rapace remarquable et un possible des référents animaliers de second choix puisqu'il a le tarse emplumé. Cramp *et al.* 1980, 203-16, pls. 23-4; Ferguson-Lees, Christie 2010, 724-7, pls. 74, 81; Géroudet 2013, 96-105; Houlihan, Goodman 1988, p. 149; Meinertzhagen 1930, 389-91.

[61] MNI. 109 individus, dont 41 *M. migrans* et 54 *M. ægyptus*.

[62] *Milvus ægyptius*: longueur 44-58 cm; envergure 115-135 cm; queue 23-37 cm.

[63] Génsbøl 1988, 67; Géroudet 2013, 172-3, 179.

[64] Par exemple l'O. Bruxelles, MRAH E.07224 et le P. Londres, BM EA10249,1 (pAnastasi 4), r° Ib, 7. Le milan était-il l'archétype du rapace fréquentant les zones humides? P. Londres, BM EA9900,33 (pNebseni), LM 172.17: *ỉw ns=k ꜥqꜣ | dm ḏd=k r ḏrww n šꜣ* "Ta langue est précise et ton dit plus affutés que celui des milans du marais!", à rapprocher de l'*Enseignement pour Mérikarê* P 32 et du *Naufragé* B1 162–63. Par-delà le 'petit fait vrai', l'élaboration emprunte au savoir zoologique. Le milan se distingue des autres rapaces par son cri d'appel qui est, dit P. Géroudet, un "sifflement clair et tremblé, dont le rythme rappelle le hennissement d'un cheval: *hî-huhuhuhuhu... huîe-huhuhu...*"; il représente le prototype pour penser la parole performative qui caractérise la magie d'Isis La Milane, laquelle ne pleure pas la mort d'Osiris. Son association à l'oiseau se fonde d'une part sur son vol d'exploration et sa capacité à pêcher (quête du cadavre, reconstitution du corps osirien), et d'autre part sa nécrophagie

Les milans traditionnels et apparentés

Deux, c'est le nombre d'espèces de milan dont on dispose pour déterminer le principal référent animalier ayant servi de prototype à l'image que se faisait d'un 'aigle' le dessinateur de la figure tracée sur le papyrus.[65] La livrée du plumage du Milan noir – *Milvus migrans* (Boddært, 1783) – est brune dessus, plus rouge dessous, blanchâtre sur la tête, avec la queue barrée légèrement. Les yeux, enfin, sont jaunes. C'est un migrateur qui hiverne aujourd'hui en Afrique subsahélienne; l'espèce n'est véritablement présente en Égypte qu'au passage de printemps. Moins grand mais plus clair, le Milan d'Afrique — *Milvus ægyptius* (Gmelin, JF, 1788) — ferait peut-être un meilleur candidat potentiel, spécialement la sous-espèce nominale qui est un résidant permanent de la vallée du Nil, du Sinaï et des côtes de la Mer rouge (fig 3). Le corps est roux, plus ou moins foncé par endroits. La queue est mieux barrée. Le bec est jaune vif et les yeux sont foncés.[66] On notera que ces taxa peuvent être facilement confondus dans la nature entre eux, comme avec un busard ou une buse voire un petit aigle.[67]

Certes, le bec et pattes ne sont pas exactement similaires au tracé sur le papyrus. Et l'on se gardera de vouloir faire coïncider une espèce avec un dessin fortement stylisé qui ne se voulait pas plus naturaliste que de besoin, et qui objective une forme de discours idéologique étranger à notre propre culture.[68] On remarquera que le bec et les serres ne sont pas discriminants. C'est l'apparence globale qui prime sur le détail particulier; la représentation est holistique.[69]

---

opportune, spécialement l'affût patient autour des cimetières (veillée funéraire, célébration des obsèques). C'est aussi l'argument de la fable ésopique; Allen 1974, 179; Ésope, *Fables*, 136; Géroudet 2013, 180; Houlihan, Goodman 1988, 38, 178, n. 209; Lapp 2004, pl. 98.

65 https://avibase.bsc-eoc.org/species.jsp?lang=FR&avibaseid=52A081B0&sec=summary&ssver=1 <consulté le 14.12.2019>; Cramp *et al.* 1980, 27-36, pl. I, fig 4-7, II, fig 2-5; Savigny 1809, 87-9, pl. 3, fig 1; Ferguson-Lees, Christie 2010, 381-6, pl. 7, fig 39a-e; Génsbøl 1988, 62-9, 334-5; Géroudet.

2013, 178-86, pl. 17; Houlihan, Goodman 1988, p. 36, 38, 140, 147-8; Goodman, Meininger *et al.* 1989, 171-3; Lortet, Gaillard 1905, 124-6, pl. II; Meinertzhagen 1930, 408-11; Nicoll 1919, 55-6; Shelley 1872, 196-8; Thiollay 1994; Whymper 1909, 30-3. Il est très difficile, sinon douteux, d'affirmer la détermination de sous-espèce à partir des seules données ostéologiques ; on peut tout juste, au mieux, émettre une hypothèse statistique compte tenu des aires de diffusion anciennes et actuelles.

66 En revanche, le juvénile de la sous-espèce (ssp.) *M. a. parasitus* est assez similaire au Milan noir… Notons que, selon les auteurs, il s'agît d'une race ou d'une espèce à part entière. Celui-ci présente toutefois l'avantage d'être un résident permanant, contrairement à son cousin migrateur même si certains s'y établissent. On gardera à l'esprit qu'il existe de nombreux critères d'identification susceptibles de variation importantes selon les conditions d'observation: lieu, heure, conditions météorologiques, et l'individu: âge, sexe, période de l'année (mue, reproduction), état de santé, sans compter les aberrations, etc. qui peuvent influer sur la perception de la taille et de la livrée du plumage, qui diffère sensiblement y compris au sein d'une population de la même espèce. Ajoutons qu'il existe également un risque important de se tromper entre les genres: buse, busard, milan voire aigle de petite taille, tous plus ou moins marron chocolat. L'avifaune égyptienne n'est pas la même entre le delta et la vallée du Nil, l'hiver et le printemps, l'âge du Bronze et aujourd'hui. Géroudet 2013, 178; Ferguson-Lees, Christie 2010, 385; Génsbøl 1988, 64; Redman, Stevenson, Fanshawe 2009, 80, pl. 24.

67 Ferguson-Lees, Christie, 383-4.

68 Keimer 1953. Pour des parallèles: Houlihan, Goodman 1988, 37, fig 52; Evans 2007; Maître 2017, 90, fig 1, 93, fig 3 et Frankfort, Buck, Gunn 1933, pl. LXIX.

69 Les doigts du milan ne sont d'ailleurs pas très puissants ni ses serres particulièrement recourbées. Comparer avec Lortet, Gaillard, 1905, pl. II, fig 12, pl. VI, fig 16 [Faucon de Barbarie (*babylonycus)*].

Quel signifié ?

Pour s'en tenir à la classification des existants du monde pharaonique, il n'y a pas non plus, en égyptien, tel qu'il est connu à travers les textes produits par l'écrit, de terme spécialisé pour nommer la plupart de espèces de la systématique actuelle. Les mots ayant leur histoire, il n'est pas sûr non plus que le résultat de l'équation: latin > grec > égyptien II > égyptien I soit très exact comme le montre l'exemple du soi-disant faucon.[70] On pourrait s'étonner, par exemple, de l'absence, très fréquente, de la queue fourchue du rapace dans la représentation qu'on s'en faisait, telle qu'on l'observe dans le dessin, alors que cette caractéristique morphologique est son principal critère d'identification aux yeux des ornithologues aujourd'hui.[71] De fait, aucune des figures identifiées par P. F. Houlihan au milan n'est expressément légendé par le zoonyme masc. *ḏrw*/fém. *ḏryt* (démotique *ḏre* var. *trꜣ* > copte *S* ⲧⲣⲉ, > *B* ⲑⲣⲉ > arabe égyptien حداية)[72], comme dans la collection d'oiseaux de *bꜣqt* III à Béni-Hassan, et appellent, pour certaines d'entre elle, un réexamen à la lumière des progrès de la discipline. D'autres noms de rapace similaires, comme *ḏrty et ḏrtyt*, sont également construits sur la racine *√*ḏr* qui évoque à l'esprit l'idée de [PRÉHENSION], d'où l'on tire, par exemple, le substantif *ḏrt* "la main"[73], et le verbe faible dénominatif *$4^{æ}$ inf. nḏrỉ/w*, par allongement à l'aide d'un morphème de dérivation préformant *n(ỉ)-*, qui précise le sens "maintenir"[74], c'est-à-dire de retenir par l'emprise (litt. *en-(la)-prise*) qu'exercent les doigts sur l'objet qu'ils immobilisent.[75] Le zoonyme est un nom d'animal descriptif fondé sur l'expression de sa qualité définitoire : la prise de la proie, ce qui correspond à un prédateur. Enfin les signes d'écriture déterminatifs de la lexie sont variables ; la plupart d'entre eux ne sont d'ailleurs pas présents dans les fontes hiéroglyphiques. Un nombre suffisant d'exemples permet toutefois de les identifie aux milans et apparentés, incluant l'Élanion blac — *Elanus cæruleus* (Desfontaines, 1789) — dont la présence notable, à Touna el-Gebel, s'expliquerait peut-être pour des raisons autant

---

[70] LORET 1892, 29 retrace correctement la diachronie du terme mais sans s'intéresser à son étymologie et n'envisage pas son évolution en 5 000 ans d'histoire égyptienne. Le simple fait que l'on observe des graphies employant le classème G 5 interroge sur sa place dans le monde pharaonique.

[71] HOULIHAN, GOODMAN 1988, 36-8.

[72] *ALex* 77.5249; *DELC* 220; *DG* 647; *DLE* IV, 167; F*CD* 323; *GrMed* VI, 601; *GrMed* VII/2, 1009; *HÄWb* I, 1508 {40238}; *HÄWb* II/2, 2851{40236}{40237}; *PL* 1244; *Wb* V, 596.1-8. Voir également: BRUUN, BAHA EL-DIN 2006, pl. 4, no 3; HOULIHAN, GOODMAN 1988, p. 148.

[73] *ALex* I, 77.5235; F*CD* 145; *Wb* V, 581.1-585.6.

[74] *ALex* I, 77.2303; F*CD* 308; *Wb* II, 384.18-385.26.

[75] Un lion tue un ibex: *nḏrt nr/ỉꜣw (ỉn) mꜣ(ỉ) ḥzꜣ* "Immobiliser l'ibex (par) le lion terrible"; la traite d'une vache: *nḏr r sšr ỉrṯt* "Tenir (le trayon) pour tirer le lait"; le gavage d'une hyène: *nḏrt ḥṯt r wš ỉn sꜣw* "Immobiliser l'hyène pour (la) gaver par l'éleveur"; un boucher à son collègue abattant un bœuf: *nḏr r=k ʿbwỉ=f* "Maintiens, toi, ses cornes!"; MONTET 1925, 86, 108, 114, 164. Un homme à son collègue maintenant le futur circoncis: *nḏr sw | m rdỉ bꜣḥ=f* "Maintiens-le; ne fais pas en sorte qu'il tombe inconscient!"; BADAWY 1978, fig 27. Un chasseur à son chien mordant la patte d'une antilope en fuite: *nḏr hbn* "Retiens le bubale (du type, espèce?) *hbn*!"; KANAWATI, EVANS 2018, pl. 68. Le dessin représente ostensiblement un mâle; le zoonyme ne désigne donc pas un bubale femelle contrairement à l'hypothèse de LORET 1892, 28, reprise dans OSBORN, OSBORNOVÁ 1998, 171; on conservera la définition du *Wb* II, 487.6: "Art Kuhantilope". *CT* I, 397b: *n nḏr.t(w) bꜣ=ỉ ỉn bỉkw | n ꜣmm<.tw> bꜣ=ỉ ỉn šꜣw* "Mon ba ne saurait être maintenu (dans leurs pattes) par les petits rapaces diurnes! Mon ba ne saurait être pris (dans leur gueule) par les bêtes errantes!"; le faucon et le chien sont les prototypes de ces deux catégories d'existants qui regroupent, par analogie, d'autres taxins. Voir le breton *skoul*, cymrique *ysgyflwr* 'le saisisseur'; HENRY 1900, 243. On se demandera si ce type d'oiseau n'est pas le Grundbegriff du Vb *3^{ae} inf. ḏrỉ* "tenir fermement (comme un accipitre)"; *ALex* 77.5253; F*CD* 238; *Wb* V, 599.1-8.

Fig 4. *Falco biarmicus* Temminck, 1825. © Peter Wächtershäuser (CC-SA-BY)

classificatoires que théologiques.[76] L'icône, dans ce cas, le figure presque toujours en vol; la queue, nettement échancrée, est le seul détail dessiné — l'absence d'émarginations au bout des ailes est significative —, ce qui met en avant la caractéristique qui le définit le mieux, à savoir l'excellence de son vol à voile qui forçait l'admiration par ses manouvres remarquables. On peut ainsi postuler pour ces raisons que le genre *Milvus* serait le membre basique qui sert de prototype pour penser l'image qu'on se faisait de la classe d'existants [ACCIPITRE(S)], assez voisine, finalement, de la distinction usuelle entre aigles véritables et apparents, lesquels n'en étaient pas moins réels dans la vie quotidienne et l'imaginaire de la société traditionnelle d'Ancien Régime. Le dessinateur des parodies animalières du *Papyrus érotique de Turin* avait sûrement pour sa part une idée claire de ce à quoi devait ressembler, pour lui, un *aigle*.

Rien à voir, donc, avec les *Falconidæ* qui constituent en soi une famille de superprédateurs misant sur leur vélocité pour surprendre leurs proies. L'on trouve parmi eux des spécialistes de la chasse aux oiseaux dont la technique est de s'élever en hauteur pour fondre en un vol plongeant à très grande vitesse, avant de se redresser pour l'impact, les pattes tendues en avant, les doigts écartés, ne laissant presque aucune chance de survie si le coup porté percute la cible de plein fouet (fig 4).[77]

À titre de comparaison avec le milan, le faucon est un rapace de taille modeste, de forme râblée. La tête est arrondie. L'arcade n'est pas marquée. L'œil est sombre et rond. Le bec est court et recourbé dès la base en un crochet ; le maxillaire présente une denticulation caractéristique du genre. Le cou est quasi inexistant. L'épaule est haute, proéminente. Les ailes sont falciformes. La queue est dite carrée. Les doigts ravisseurs sont armés de serres.[78] D'une manière générale, la livrée du plumage est fortement contrastée : dessus sombre, dessous clair ;

---

[76] Pour le milan, voir entre autres exemples: *PT* 302, *Pyr.* § 463c [W/A/N 6 = 572] et *TC* 672, *CT* VI, 299j et n [B 1 Bo 270]. Le contraste fort que présente la livrée du plumage de l'oiseau n'est pas sans lien avec sa présence en nombre dans dépôts de momies animalières (NMI : 29) puisqu'elle est similaire à celle de celui de l'Ibis sacré qui incarne une illustration de l'image de l'Ibis auquel le culte était rendu. DRIESCH *et al.* 2005, 216, 232.

[77] L'idée reçue que le faucon frappe sa proie avec sa poitrine est saugrenue ; le bréchet, l'os qui sert de point d'ancrage aux muscles pectoraux ne résisterait pas au choc, contrairement aux pattes dont le rôle est d'en absorber la puissance. L'attaque est loin d'être infaillible. En cas d'échec, l'oiseau peut se rattraper en portant un coup secondaire à sa proie qui lui laboure en profondeur le flanc. Le cas échéant la poursuite est rare, sauf chez certaines espèces et des individus; BAUM 2007, 71, n. 24; MONNERET 2017, 66-8.

[78] LORTET, GAILLARD 1905, 113-7, pl. II, fig 1, pl. VI.

le visage se caractérise par le port de moustaches — la tache *tỉt* (D 17), d'où *tỉt* "caractère (signe d'écriture)", litt. *la marque* —, plus ou moins développées, descendent sur les joues.[79] Enfin, le comportement est également très différent. On le voit, le genre *Falco* ne correspond pas à la figure dessinée sur le papyrus. Or, le milan, on l'a vu, est bien connu pour parasiter d'autres espèces qu'il harcèle jusqu'à ravir leur prise. En cela, il n'hésite pas non plus à s'en prendre au faucon, bien plus petit que lui.[80] Ce dernier lui donne la chasse pour s'exercer et défendre son aire de ponte en période de nidification.[81] Partisan du moindre effort, le milan s'écarte prudemment, d'où sa couardise légendaire dans l'imaginaire des sociétés pratiquant la fauconnerie, comme l'Occident médiéval.[82]

Composition d'ensemble et comparaison avec des parallèles
Les autres figures
On trouve trois mammifères marchant à la suite de l'oiseau, d'après les copies anciennes : un félin et deux canidés/hyénidés.[83] Les deux premiers sont bridés par un lien vert qui passent autour de leur cou, suggérant la tige d'un végétal à interpréter, peut-être, comme l'une des plantes emblématiques de la royauté unitaire (fig 5).[84]

Ils portent ensemble un objet long, brun foncé, de forme similaire à celle des billes de bois exotiques exhibées lors de la remise des tributs au roi (fig 6).[85]

Chacun porte en plus un artefact, sans doute des contenants. Le premier tient à la main un petit objet qu'il porte avec précaution. Le deuxième a un sac avec une anse. Tous les deux font penser, de nouveau, à l'apport de produits manufacturés, notamment les porteurs surchargés de biens qu'ils peinent à ne pas perdre en chemin, et ce, afin d'illustrer l'idée de richesse de l'apport.[86] On peut les interpréter comme des captifs affectés au portage de charges, ce qui expliquerait leur domesticité. L'appariement du chat et du chien forme un couple-type d'opposés complémentaires, ce qui suggère une inversion des valeurs normatives : alors que d'ordinaire, l'un et l'autre ne font pas bon ménage, les voilà contraints à travailler ensemble par l'autorité suprême. L'effort de leur travail permet d'établir une analogie avec l'image du vaincu dont l'humiliation dégrade le statut et autorise la captivité, accroissant mécaniquement le prestige du vainqueur (figs 4-5).[87]

---

[79] GARDINER 1994, 452. À reclasser dans la catégorie 'H. Parts of Birds.'

[80] Le Faucon crécerelle – *Falco tinnunculus* Linnæus, 1758, par exemple, atteint difficilement 80 cm d'envergure pour un poids inférieur à 300g, soit moins qu'un pigeon... C'est le taxin le plus fréquent parmi les momies de rapaces. DRIESCH *et al.* 2005, 217, 232; LORTET, GAILLARD 1905, 156-7.

[81] On a vu que le milan privilégie l'attaque d'individus vulnérables afin d'optimiser ses chances de succès, comme les poussins sans défense (y compris ceux des faucons).

[82] Le vol au milan était un divertissant très apprécié ; il n'avait aucune finalité alimentaire. Belon, *L'Histoire de la nature des oiseaux*, 129, 131; Buffon, *Histoire naturelle des oiseaux* 1, 197-205, II, 7-8; *Encyclopédie*, 1765, XVII, col. 440, *s.v.* "VOL, *chasse du vol*".

[83] OMLIN 1973, 30, 39. On pourrait y voir un cercopithèque et un porc ou un chien ; on trouve un singe précisément dessous tandis que les chats, nombreux, ont la queue touffue.

[84] DESROCHES NOBLECOURT, DONADONI, EDEL 1971; WILKINSON, HILL 1983, 125. Comparer au relief Bologne, Museo Civico Archeologico EG 1887, http://www.comune.bologna.it/archeologico/sfoglia/47681/titolo/nubia/id/2787 <site consulté le 1.03.2020>.

[85] DAVIES 1943, II, pl. XIX.

[86] DAVIES 1943, I, 21-2, 28-30, II pls. XIX-XX, XXIII.

[87] Dans la fig. 5, le gardien du girafon est à mettre en relation avec l'archer fermant la marche du groupe de prisonniers, lequel tient également la longe d'un étalon capturé à l'ennemi.

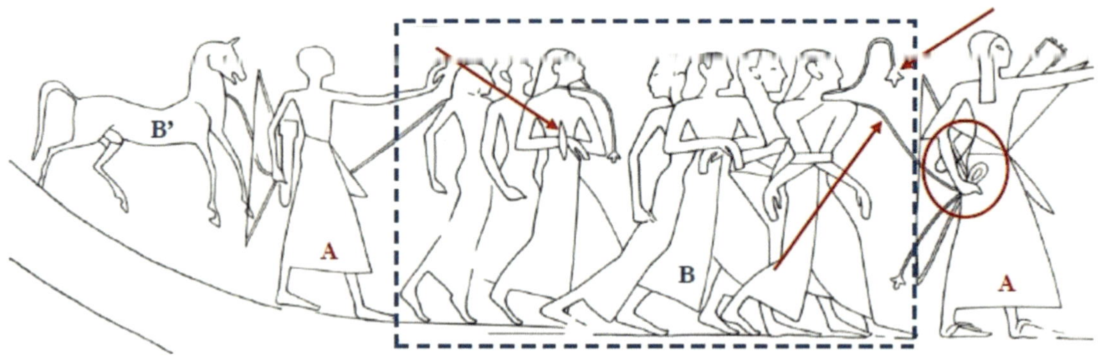

Fig 5. Un prince et un archer escortent un groupe de prisonniers hittites ; la mise en espace des figures montre leur privation de liberté ce qui les relègue au rang des bêtes de somme. Abou Simbel, Ramsès II. d'après Desroches-Noblecourt et al. 1971, pl. IV.

Fig 6. Le défilé de la délégation nubienne devant la tribune royale. Beit el-Ouali, Ramsès II. d'après Ricke, Hughes, Wente 1967, pl. 9.

Le rôle joué par le dernier personnage est celui du garde-chiourme ; on le déduit par l'observation de sa position en fin de file, son attitude et ses attributs. Il tient dans la patte droite l'autre bout du lien qui lie les captifs, et dans sa patte gauche une verge comparable avec celle tenue par la gazelle de la case X + 5. Comme dans cette dernière, son extrémité arrondie pourrait être interprétée comme étant un boulet de prisonnier.[88] L'animal est donc apparié au rapace avec lequel il encadre l'élément central dont il monte la garde, et qui retient l'attention. Tout porte à croire qu'il s'agit bien d'un canidé/hyénidé systématiquement associé au milan en raison de leur penchant commun pour la nécrophagie.[89] La structure de la séquence est:

accipitre–chat–chien–*canidé/hyénidé[90]

Sa complexité montre le niveau élevé de connaissance des règles de composition par l'auteur qui ne peut être qu'un artiste maîtrisant parfaitement l'art du dessin.

La présence du canidé/hyénidé exploiterait l'ambivalence de cette figure investie tour à tour

[88] Davies 1943, II, pls. XX, XXII; P. Londres, BM EA10060 (pHarris 500), v° III,3-III,4.

[89] Maître 2020.

[90] On remarquera que l'inversion de la norme fait que les bêtes sauvages dominent les animaux domestiques, au sens étymologique du terme *domus*, lesquels concourent à vie de la maison voire à celle de la famille qui l'habite.

Fig 7. a) Palette de Nârmer. Hiérakonpolis, Nagada IIIC. d'après HENDRICXX, FÖRSTER EYCKERMAN 2016, p. 544, fig 5. b) Pectoral de *zꜣt-ḥwt-ḥr-ỉwnt*. El-Lahoun, Sésostris II. New York, MMA 16.1.3. Public Domain. c) Linteau du temple nord. Bouhen, Âhmosis. PUM E10988. © University of Pennsylvania

d'un signifié faste et néfaste, et qui devait participer au burlesque de la scénette. On pourrait l'expliquer par la dénonciation d'un opportunisme jugé scandaleux puisque contraire à la morale qui règle les comportements à tenir en société, laquelle se fonde sur la conformité au plan de vie conçu par le dieu et réalisé par chaque individu sous la conduite du roi. L'animosité entre chien domestique et féral, chacal, renard, hyène, etc. est une réalité mise en image par la production de dessins sur une très longue période. Plusieurs ostraca figuratifs provenant de Deir el-Médina suggèrent ainsi qu'elle était vécue au quotidien par les habitants du village installé au pied du plateau, dans un espace liminal fréquenté par les bêtes sauvages venant du désert blanc égyptien.

On observe enfin que le coloris des figures alterne les tons clair (jaune) et foncé (brun), créant un rythme binaire attractif par le dynamisme qu'il suggère au regardeur, et assure l'unité de l'ensemble en évitant la monotonie.

Éléments de comparaison

La mise en scène des figures semble donc représenter le triomphe d'un roi pourvoyeur d'une main-d'œuvre corvéable. C'est le sort qui était d'ordinaire réservé aux prisonniers de guerre, à l'exemple des Cananéens déportés à Bouhen sous Ramsès Ier pour servir à l'entretien du domaine du temple de Min-Amon.[91] En cela, la composition de la case X + 7 est 'classique' car elle s'inspire directement de celle d'un motif décoratif très fréquent en raison de la performativité de sa valeur apotropaïque. Rappelons que le modèle de l'image du triomphe royal est conçu dès

[91] Londres, BM EA1189; Paris, musée du Louvre C 57; Philadelphie, PUM E10988.

l'institution de la monarchie unitaire à la fin du quatrième millénaire BC.[92] La naturalisation de la Loi du plus fort, qui établit *de facto* la supériorité du dominant sur le dominé, institue une norme universelle qui fonde le pouvoir souverain; elle légitime l'autorité de la fonction royale, et du titulaire qui l'exerce, sous couvert du mythe fondateur. C'est ce discours idéologique que donne à voir autant qu'à penser le décor de la Palette de Nârmer (fig 7. a).[93]

Le thème abordé est la défense de l'intégrité du territoire face aux dangers qui en menacent l'existence: animaux humains (dissidents politiques, ennemis étrangers, etc.) et non humains domestiques, apprivoisé et sauvages, c'est-à-dire autant d'expressions manifestes de l'ennemi qu'il faut supprimer. La personnification du faucon auquel on prête, par métonymie, la pensée et l'agir du roi, prend la forme d'une figure composite, qui n'est pas un hybride.[94]

En effet, le procédé consiste à représenter la surimpression d'images par le biais d'une figure composée de pièces rapportées pour leur pouvoir évocateur; chaque pièce conserve la forme de son contour et son individualité.[95] On ne cherche donc visiblement pas à figurer l'existence d'une réalité objective — un animal fantastique vrai! — mais à représenter la vision holistique d'un objet fantasmé, conçu comme une sélection d'images signifiantes. Or, le rapace de la case X + 7 ne suscite pas le fantastique par le surnombre anatomique, contrairement au faucon de la Palette de Narmer qui est un signe composite, susceptible d'une lecture textuelle.[96] Le procédé consiste en la déformation du tarsométatarse par son allongement, puis à lui donner une pose similaire au pli du bras humain, et ce afin d'en accroître l'expressivité.[97] Les doigts sont pliés et la main fermée en un poing. Son emploi est également fréquent dès les époques anciennes, par exemple dans le signe d'écriture hiéroglyphique enregistrant le nom du *Faucon* de Âha et le pectoral de *zꜣt-ḥwt-ḥr-ỉwnt* (fig 7. b).[98] Un parallèle important se trouve sur un linteau de porte provenant du temple nord de Bouhen; le monument, découvert en contexte de réemploi sous le dallage de la cour, date du règne d'Âhmosis.[99] Son décor se compose de trois tableaux agencés symétriquement en fonction de l'axe du sanctuaire principal: au centre, le roi oint Min, à droite et à gauche il adore l'Horus de Bouhen qui apparaît sous les traits de l'archétype du *Faucon divin* perché sur la façade du monument prestigieux. Le dieu porte le pschent; un disque solaire avec l'uraeus l'accompagne. Il offre en contre-don la vie, la stabilité et la domination sous la forme d'hiéroglyphes enfilés au bout de son sceptre qu'il pointe vers le nez du roi (fig 7. c). L'Horus de Bouhen représente l'autorité suprême dans la région du Batn el-Haggar; l'honorer est bien sûr un acte cultuel fort, mais sa portée est éminemment politique…[100]

---

92 AGUT, MORENO GARCIA 2016, 67-103.

93 QUIBELL 1900, I, pl. XXIX; HENDRICKX, Förster, EYCKERMAN 2016, 543, fig 4b, 544, fig 5, 545, fig 7.

94 Ou 'hybride analytique', par opposition à celui par amalgame. VERNUS 2005l, 635-6.

95 Ceci expliquerait la rareté du type I défini par P. Vernus.

96 GOLDWASSER 1992.

97 KEIMER 1957, 97-8. De très nombreux documents font le lien entre la prise du rapace et celle du roi dont les ennemis sont assimilés à des oiseaux, par exemple *MH* I, 42.9-10: *ḏrt⸗ỉ rwḏ twỉ mỉ bỉk m ẖnw ẖpt bw hꜣ.n ʿnt⸗ỉ m tp⸗sn* "(…) ma main était ferme comme l'est celle du faucon à l'intérieur d'une bande d'oiseaux ; mes ongles n'auraient su se défaire (litt. *descendre*) de leur tête!".

98 New York, MET 16.1.3a-b; Le Caire, Egyptian Museum JE 56497; Paris, musée du Louvre AF 13416.

99 BARBOTIN 2008, 83, 86; CAMINOS 1974, 106-7; MAÎTRE 2008, n°198; MACIVER, WOOLLEY 1911, 86-8, pl. 35; PORTER, MOSS 1995, 130 (Court E.); SMITH 1976, pl. LXXX, fig. 1-4.

100 Le culte rendu au dieu est attesté sans solution de continuité jusqu'à l'époque impériale, c'est dire l'importance qu'on lui portait pour le contrôle de cette région frontalière stratégique avec la Haute-Nubie.

De qui se moque-t-on?

Il est désormais bien établi que la finalité de la bande dessinée de Turin est de divertir le public de la sub-élite par le biais d'un humour fondé sur la transgression de la norme sociale.[101] Ce mécanisme d'autorégulation des sociétés inégalitaires permet de maintenir la concorde que fragilise le stress subit par une population ne bénéficiant pas des privilèges institués par un groupe d'individus à son bénéfice exclusif. La tension est d'autant plus vivre que la société n'évolue pas assez vite pour s'adapter au changement imposé par une situation de crise. La transposition du crime sur les animaux du bestiaire des pharaons y concourt à plusieurs niveaux, par :

- l'inversion des relations sociales: le faible domine le fort, ce qui lui est normalement impossible;
- la caricature: le faucon est représenté sous les traits peu flatteurs du milan qui jouit d'une mauvaise réputation de voleur (appogiature dans le '*look*');[102]
- la satire: on moque le décalage visible entre deux réalités de nature différente. La première est subjective: la croyance en la supériorité idéale du roi prônée par la monarchie. La seconde est objective: la capacité du monarque à réaliser le programme politique que lui impose l'idéologie pharaonique.

Or, le Bronze final est une sous-période archéologique caractérisée en Égypte par une grave crise des valeurs fondatrices de la vie en société complexe. Face aux difficultés économiques, à l'instabilité politique et aux menaces extérieures, les successeurs de Ramsès II (*c.* 1279-1273 BC) maintiennent tant bien que mal l'existence de l'empire. Une série d'éléments iconographiques invite à privilégier une datation basse pour la création du papyrus, à la vingtième dynastie; rappelons que la plupart des ostraca provenant de Deir el-Médina est attribuée au règne de Ramsès III.[103] La critique porterait ainsi sur la pratique de l'exercice du pouvoir plutôt que sur sa nature souveraine, qui n'est pas contestée.

Conçue et réalisée à l'usage des 'dominants des dominés', le P. Turin, Museo Egizio CGT 55001 moque-t-il un règne jugé décevant selon les propres critères idéologiques diffusés par la propagande officielle ou bien les lourdeurs d'un système pesant par certains de ses aspects mais finalement supportable, la royauté 'à l'égyptienne'?[104] De fait, si l'on ignore l'identité de son propriétaire, les brides de la titulature écrites au verso du papyrus orientent vers la piste d'un officier haut gradé.[105] Lequel, et qui serait-il? Il est difficile de répondre précisément à ces questions. S'il y a peut-être plus de chances pour qu'il s'agît d'un ramesside sans envergure,

---

[101] Vernus 2012, 116. Un bon exemple pour l'illustrer est l'O. Le Caire, Egyptian Museum JE 63799 où le responsable d'un grenier est probablement grimé non pas en singe… mais en rongeur ! Le cercopithèque étant en train d'écrire, on se demandera si le dessin ne caricature pas le babouin de Thot de la même manière que le milan le fait pour Horus. Vandier d'Abbadie 1937, 58, pl. XL.

[102] Vernus 2012, 111.

[103] Lepsius avait déjà fait le rapprochement entre le papyrus de Londres et le tableau figurant le roi jouant avec une princesse à Medinet Habou. Le P. Turin, Museo Egizio 1949 + 1946, v° II, 10-16 enregistre d'ailleurs la date de l'annonce de la mort de Ramsès III, qui aurait été égorgé: *hrw n yt ỉn ḥrỉ m-ḏ-ỉw mntw-mse [r ḏd n n]ȝy⸗w n pȝ ẖr pȝ bỉwk pȝw [r pt n pȝ] r*ʿ "Jour de la venue du supérieur des auxiliaires Montoumosé [pour annoncer à ce]ux de la Tombe que le Faucon s'envola [pour le ciel de P]rê (?)"; Černý 1936, 110.

[104] Goldwasser 2013, 353-4.

[105] La traduction, d'après la transcription, est: *[ṯȝỉ] ẖw nsw ḥr ỉmn[ỉ] zš [nsw] mr mš*ʿ […] "[porte]-éventail à la droite du roi, scribe royal, général […]". L'importance des titres, et leurs liens avec l'armée, suggère qu'il s'agît moins de l'identité du copiste que du possible propriétaire du papyrus ; reste à savoir les liens qui le relient à la Tombe royale. Voir Omlin 1973, 70-71; Vernus 2012, 116.

on n'écartera pas trop vite Ramsès II lui-même, lequel souffrait vraisemblablement de débilité à la fin d'un règne parmi les plus longs de l'histoire. Le carriérisme plus ou moins affiché à l'époque par certains hauts fonctionnaires, comme le vice-roi de Nubie *stꜣw* en serait un indice supplémentaire.[106] On peut souhaiter que l'étude paléographique des inscriptions, difficiles à lire, et très mal conservées, apporte un jour des éléments nouveaux au dossier.

Quoi de mieux, au final, pour parodier le rôle joué par le faucon d'Horus, qu'un autre rapace, proche mais distant, investi d'un signifié négatif, comme le milan? C'est en tous cas ce que porte à croire l'étude de la place qu'occupent ces deux figures dans les croyances pharaoniques.[107] On retrouve ainsi dans le *Paysan* B 1 205-207, le lieu commun qui qualifie de rapace une personne avide de profit, souvent au détriment du plus faible qui ne sait s'en défendre:

mk tw ṯnḥr n rẖyt
ꜥnḫ m ḥwrw nw ꜣpdw

"Vois, tu n'es que la harpie des vanneaux — qui vit des faibles de la sauvagine !"[108]

L'élision de la préposition *m* dans la métaphore orienterait, selon nous, vers le sens d'une restriction de classe: *Tu es cela et rien d'autre de mieux (car tu n'en as pas la valeur).* En l'occurrence, on attendrait l'intervention du Faucon divin, comme on l'a vu précédemment, ce qui n'est précisément pas le cas. *ḫw-n-ỉnpw* ne critique donc pas directement le règne de Nebkaourê Khéty II, mais le déficience de l'administration royale représentée par le grand intendant *rnsỉ*, questionnant la finalité du plan divin.[109] Aucun texte n'explique le but poursuivi

[106] Frood 2007, 27, 206-12; Hein 1991, 95; Török 2009, 168, 189; Vandersleyen 1995, 554.

[107] Allen 2015, 279-81; Gardiner 1923, 14; Parkinson 2012, 167-77; Parkinson 2005, 54-88; Parkinson 1997, 66, 81, n. 53; Quirke 2004, 158. Le passage fait spécialement écho à B 142-144. Le relief de Berlin, ÄM 20037 et le bloc provenant de la chaussée d'Ounas figurent un falconiforme couvant des œufs à l'intérieur un nid construit dans la roselière d'un marais, orientant vers l'identification d'un busard; les quatre espèces connues en Égypte sont migratrices, ce qui fait d'autant plus sens dans l'économie du décor de ce monument, puisque le rapace représenterait un "marqueur de temps" de l'année qui correspond à la moisson de l'amidonnier. Après réflexions, il semble que l'étymologie du zoonyme dériverait du verbe *ṯnỉ* "distinguer, faire une différence", d'où *ṯnỉ-ḥr* "Celui dont la caractéristique fondamentale est que son visage est distinct, différent (de celui des autres rapaces)" par la collerette qui caractérise le genre *Circus* ou 'le scrutateur', l'oiseau volant en scrutant le sol; *ALex* 77.4929 ; *FCD* 305 ; *Wb* V, 374.1-375.28; Labrousse, Moussa 2002, fig 42, fig 134.

[108] lit. *le scrutateur* [ou: *le distingué*, le busard ({harpaye} des roseaux)? Comparer la forme à l'Autour des palombes, Aigle des singes, etc.; le tour est régulier, ex: P. Carlsberg 180, 9 + P. Florence, PSI I 76a, frag. O II, 21 : *ntỉ mỉw ntỉ m šꜣ n ꜥꜥrdỉ* "l'oiseau celui-qui-est-le-chat-des-arbres pour l'oiseau-*ââred*". Sur le génitif direct dans le syntagme nominal, voir la stèle Philadelphie, PUM E29-107-958, l. 19-20: *ỉw ḥm⸗f m sꜣ⸗sn (...) mỉ bỉk m ḫt pt nt ꜣpdw* "Sa Majesté était sur leur arrière (…) comme le faucon l'est dans le ciel de la sauvagine"; Rowe 1930, 33-6, pl. 46. On notera en *PT* 470, *Pyr.* § 913b que la triplication du classificateur opère une dissimilation graphique limitée aux seuls oiseaux aquatiques ne représentent pas la diversité de l'ordre des *Aves* mais celle d'une catégorie sémantique cohérente dans son hétérogénéité: la [sauvagine]. Maître 2020b.

[109] *nmtỉ-nḫt* est un homme libre faisant partie des administrés (*ḏt*) de *rnsỉ*; il n'est pas un agent à son service mais l'auteur du crime, assimilable à Seth. Son nom n'est bien sûr pas un hasard puisque la

par le démiurge ; on constate simplement que l'inégalité est inhérente à la Création, sans la comprendre. De la même façon, si le Bon triomphe du Mauvais, souffrir de la domination du Fort est naturel pour le Faible qui lui est soumis; au premier, toutefois, de faire bon usage de l'autorité dont il se voit investi au nom du dieu. Quelle qu'a été la réception du *Paysan éloquent* dans la société à la douzième dynastie, l'œuvre ne s'adresse pas fondamentalement à la paysannerie mais en partie à la catégorie de grands officiers de cour tentés d'abuser du pouvoir que leur était conféré par la haute charge qu'ils tenaient de la couronne.[110]

Il est avéré que *ḫw-n-inpw* attire la sympathie du public qui devait vivre par procuration ses déboires avec la justice. Son éloquence, incongrue, sert, à un premier niveau d'interprétation, d'élément comique. Il existait, à n'en pas douter, des orateurs nés au sein des communautés rurales, mais le contenu de leurs discours ne mobilisait sûrement pas le haut degré de connaissance du savoir cosmologique qui était restreint à un cercle d'initiés, proches du pouvoir.[111] Cette pratique langagière, typique d'un courtisan, sert également, à un second niveau, de faire-valoir à l'élite dirigeante, qui exprime, par son truchement, un rappel à l'ordre sous la forme d'une série de traités savants, entre la note de service et le vade-mecum à l'usage des dominants des dominés. Là encore, il est peu probable que la pensée métaphysique sur les mécanismes de la maât fût destinée aux membres de la sub-élite, mais aux tenants du pouvoir, et peut-être, en premier lieu, le souverain lui-même, à l'exemple du personnage littéraire de Nebkaourê Khéty II mis en scène dans l'histoire. Pièce à tiroir, cette dernière se veut édifiante, comme

---

rapacité de *nmti*, un dieu falconiforme, se retrouve également dans *Horus et Seth*. L'un et l'autre se caractérisent par leur refus de répondre au paysan qui se plaint pendant dix jours, soit une décade, brisant la chaîne de solidarité; au terme de cette durée, celui-ci porte à nouveau l'affaire devant une juridiction supérieure. On remarque qu'il s'en remet en dernier recours au dieu dont il porte le nom — Anubis — et non au roi, puisque le grand intendant est son représentant. Sur le serment et le tribunal des morts, voir Coulon 1997, 124, 126.

110 Il s'agit d'un *sḫti* "paysan", litt. *campagnard* et non d'un "oasien" (*wꜣḥti*); l'Ouadi Natroun n'est pas une oasis mais une vallée aride dans le désert Occidental. Comparer au bas latin *pagensis*, "l'habitant du *pagus*", c'est-à-dire, au premier siècle, un territoire agricole, soit, de manière prototypique, l'exploitant d'une terre dont la mise en culture permanente transforme le paysage naturel en campagne artificielle. Le lien au *Sitz im Leben* motiverait l'emploi du zoonyme *ṯnḥr*; Loprieno 2001, 152-6. Rien ne montre que le référent du signifié est un rapace rare, ni que l'emploi de son nom l'était dans la langue parlée, tout au contraire. N'oublions pas qu'il est mis dans la bouche d'un paysan — si fictif soit-il — connaissant les animaux qu'il côtoie aux champs à longueur d'année ; c'est également un 'effet de réel', voir Coulon 1997, 130. Le busard niche dans les blés. Il vole bas et lentement ; en période de reproduction, les couples se livrent à des acrobaties aériennes spectaculaires, ce qui rend son observation facile et son identification sûre. C'est enfin un déprédateur possible de volailles. Il y a donc tout lieu de croire qu'il occupât une place non négligeable dans l'imaginaire de la paysannerie, une composante prédominante de la population égyptienne encore aujourd'hui. Inversement, le genre était probablement peu estimé des membres de l'élite qui ne se reconnaissaient pas dans les valeurs négatives qu'il incarne à leurs yeux. L'oiseau n'apparaît ainsi que sur deux monuments à la décoration naturaliste.

111 Sur la véracité du discours, voir L. Coulon (1997, p. 109-38) sur l'évolution de l'autobiographie après la disparition de la monarchie memphite, particulièrement éclairant. Nous ne pouvons pas approfondir ici le commentaire du *Paysan éloquent*, mais signalons l'indépendance matérielle préalable au jugement impartial (*nmti-nḫt* dit justement : "Ah ! puissé-je avoir…" en Bt 25-25; Coulon 1997, 120-121; Allen 2015, 236-7) et le fait que s'il devient essentiel d'être un bon orateur, le paysan, lui, malgré son éloquence, n'obtient pas justice.

Fig 8. *Circus æruginosus* ♂ (Linnæus, 1758). © Paco Gómez (CC-BY-SA)

celle d'*Horus et Seth*.[112] La théodicée qui en caractérise le fond serait peut-être à interpréter comme l'autocritique du métier de roi, rendant supportable le poids qui pesait sur les épaules de ce dernier.[113] Sa finalité rejoindrait alors, d'une certaine façon, la transgression contrôlée du *Papyrus érotique de Turin*. Le busard, dont on a vu qu'il est un membre périphérique de la catégorie des [PETITS][RAPACES][DIURNES][PRÉDATEURS], est proche du milan et donc assez similaire, par certains de ses aspects, au faucon qu'il servirait à parodier dans le *Paysan éloquent* (fig 8).[114]

Cette ressemblance au faucon est la condition *sine qua non* à l'établissement du lien de similitude reliant par analogie de forme et de comportement ces deux images valorisées différemment: l'une est chargée d'un affect positif — *le faucon est noble* —, tandis que l'autre l'est d'un affect négatif — *l'aigle est lâche*. En outre, à travers le vocabulaire choisi, la mobilisation du savoir ornithologique fournit le biais cognitif nécessaire à la mise à distance du public visé, qu'on imagine réduit par la rareté relative du terme *ṯnḥr*, qui n'est attesté, à ce jour, que par quatre occurrences dans la documentation sur l'ensemble de la période. La transposition des défauts d'un taxin à l'autre "déculpabilise les consommateurs du papyrus."[115]

Le busard, comme le milan, fréquente les zones humides qu'il explore méthodiquement dans l'espoir de surprendre une proie facile, n'hésitant pas à piller la nichée de parents trop

---

[112] PARKINSON 2002, p. 180 et GRANDET 1998, p. 117.

[113] PARKINSON 2002, p. 173-4.

[114] L'image était bien présente dans le titre honorifique: *bỉk/ḥr ḥwỉ rḫywt* "le Faucon/Horus qui frappe les Vanneaux". Le logogramme maximalise la référence de l'icône du référent d'où l'ambivalence du signifié; on pourrait l'interpréter comme une haplographie de deux substantifs homographes, liés par leur sémantisme. KANAWATI, EVANS 2018, pls. 14 (b), 60, 68. L'argument de l'*Arroseur arrosé* a également été exploité par Louis XIV et Louis XV pour commémorer la supériorité de leur règne. Le motif de l'aigle chassant un faucon se veut moraliste; plusieurs administrations l'employèrent pour décorer le revers de jetons de comptes, comme la Chambre de justice en 1645 (Fe 343); "La Chambre de justice est une juridiction exceptionnelle, temporaire, érigée pour juger les financiers accusés de malversations." SARMENT, PLOTON-NICOLLET 2014, 133.

[115] VERNUS 2012, 117.

confiants en la sécurité de leur progéniture. Son vol, lent, à faible altitude, fait de tours et de détours, épousant les irrégularités du terrain, multipliant les passages, etc., donne à voir tout le contraire la technique de chasse pratiquée par le faucon qui apparait plus prestigieuse aux yeux des membres de l'élite auxquels elle donne à voir l'illustration de l'image qu'ils concevaient de leur exerce du pouvoir. Or, à la différence du faucon, qui niche à flanc de falaise sans construire de nid, le busard niche à terre dans les roselières où il construit un nid pour abriter ses petits.[116] Une observation qui donne étrangement à penser l'image de la petite enfance d'Horus dans les marais de Chemmis… Si le comportement des aigles — avides, cruels et paresseux — était jugé contraire aux valeurs dans lesquelles se reconnaissait une certaine élite, il pourrait cependant avoir été valorisé positivement pour illustrer certains aspects du mythe osirien, là où le modèle du faucon trouve ses limites.

[116] Aucun faucon ne construit de nid — tout juste creusent-ils une cuvette pour empêcher leurs œufs de rouler à bas —, contrairement aux aigles qui construisent des aires volumineuses (et non au sol !). Les busards nichent volontiers dans les champs de céréales, et devaient être, pour cela, bien connu des paysans, tout comme la date de leur migration. L'étude du terme *ʿḫi* "Celui qui fond (sur sa proie)", tendrait à montrer qu'il ne désigne pas un busard mais un rapace qu'on identifiera, pour le moment, à un aigle, au sens large du terme, contrairement à la proposition de BOJOWALD 2003, 11) qui confond deux oiseaux, sans doute différents, présents la documentation; voir: VERNUS 2005e, 357 et MEEKS 2012, 530-1. En revanche, et pour les mêmes raisons, il est logique de faire l'hypothèse du Busard des roseaux – *Circus æruginosus* (Linnæus, 1758) – pour le rapace *ṯnḥr* puisqu'il est le plus remarquable du genre, à la fois par sa taille, sa couleur, son comportement, sa présence saisonnière en Égypte et sa fréquence dans la composition des dépôts cultuels de momies animalières. L'ancien nom de l'oiseau, Harpaye, en référence aux harpies, est à relever. Cependant, l'identification d'une figure ne vaut pas pour la détermination d'une espèce; quatre espèces de busard sont plus ou moins présentes une partie de l'année dans le delta et la vallée du Nil à l'époque antique. Le Busard pâle – *Circus macrourus* (Gmelin, SG, 1770) – reste ainsi un candidat sérieux, mais moins sûr. GÉROUDET 2013, 209-16, 222-4; HOULIHAN, GOODMAN 1988, 148; MEINERTZHAGEN 1930, 398-403.

Pl. 1

Fig A. La vignette X + 7 du P. Turin, Museo Egizio CGT 55001. © J. Maître

Fig B. Le « Milan Étolien » décrit par Savigny d'après un individu tiré au Caire le 10 octobre 1798 ; le même est l'inventeur du Grand-duc ascalaphe figuré à droite. Public Domain

La parodie animalière de la B.D. Bâle, BSAe 1081

Le document

Présentation

Appelons un chat un chat. Le papyrus est une espèce de souchet dont on fait du papier.[117] Par métonymie, le phytonyme sert à désigner la feuille ainsi produite. C'est à ce sens que réfère la lettre P dans la numérotation des manuscrits. Mais *quid* alors d'autres supports qui y ressemblent à l'exemple des tissus? Comme me le fit remarquer A. Wiese, le 'papyrus' dont il va être question est en fait une toile en forme de bande.[118] Il y a plus. Car elle est peinte de vignettes montrant des séquences d'images qui relatent les actions de personnages. Du point de vue des techniques, faut-il alors l'appeler cartonnage ?[119] Tiré du grec χᾰ́ρτης "feuille de papier", le terme a pris un sens spécialisé; il désigne, dès les années 1850, une enveloppe de momie en fibres — textile de lin, ou papier de papyrus — stuquées et peinte voire dorée.[120] Ce support existe dès le Nagadien II A.[121] Le terme *bande dessinée* est cependant plus justifié; il a également l'avantage de ne pas prêter à confusion, évoquant un art et non le mortuaire.[122]

Étrangement, et ce malgré son signalement, le document reste confidentiel.[123] Il n'apparaît pas dans les travaux de référence, trop anciens (voir ci-dessous).[124] Un seul article récent le présente.[125] Il a le mérite de le replacer dans le contexte de la parodie animalière.[126]

Il est aujourd'hui conservé à l'Antikenmuseum Basel und Sammlung Ludwig, la plus riche et la plus diversifiée collection d'antiquités égyptiennes de Suisse.[127]

Historique

Entrée au musée par don, la pièce provient de la collection Bouvier, célèbre pour ses tissus égyptiens coptes et islamiques. Juriste, Maurice Bouvier séjourna en Égypte trente ans, de 1930 à 1960. Il acheta la plupart de ses pièces aux marchands d'Alexandrie et du Caire. Après sa mort en 1981, la collection est enrichie par son fils Jean-François.[128] Elle fait référence en la matière.

---

[117] *Cyperus papyrus* (Linnæus 1753).

[118] Communication personnelle (23 juillet 2021).

[119] Selon le TLFi, il s'agit: "de papier mâché", ce qui n'est pas le cas. A. Wiese (2003) parle de: "'strip cartoon'" (les guillemets sont de lui); Zauzich 1980.

[120] T. Gautier, *Le Roman de la momie*, Hachette, Paris, 1857 (éd. 1858), p. 41. L'ouvrage est dédié à Ernest Feydeau, romancier, poète, journaliste et archéologue. Gautier emprunte à son *Histoire des usages funèbres et des sépultures des peuples anciens*, t. 1, Gide et J. Baudry, Paris, 1856, p. 82: "Les momies (…) étaient habituellement recouvertes d'une pâte molle qui s'adaptait parfaitement à leurs formes, et en se desséchant, formait un véritable étui de carton".

[121] Hendrickx, Eyckerman 2017.

[122] DAF, 9e éd. (actuelle) "bande"; TLFi "bande"; Vernus 2013b, 108.

[123] Wiese 2001, 140, no 97, fig 39; Wiese 2003.

[124] Brunner-Traut 1970; Brunner-Traut 1984; Houlihan 2001.

[125] Loeben 2009, 37-38, fig 4. Voir également Morenz 2012, 101, fig 11, 112.

[126] Houlihan 2001, 61-120; Morenz 2012, 99-104; Vernus 2013a; Vernus 2013b.

[127] http://www.antikenmuseumbasel.ch/en/museum.html <consulté le 25.06.2021>. Notice d'œuvre du catalogue dans: Wiese 2001, 140. Ancien numéro Ae.Bou.13; Wiese 2003.

[128] Bouvier 1991.

Désignation
Le document est une bande dessinée.[129] Elle est bordée en haut et en bas par une ligne noire. Il n'y a pas de case ni de légende. En l'état actuel, neuf vignettes sont conservées.

Description
Il s'agit d'une peinture sur toile. Le support est en fibres de lin enduit d'un apprêt. Le dessin est polychrome. Il a été réalisé à l'encre au moyen d'un pinceau. Le dos est vierge. L'œuvre est large de 7.4 cm et longue de 52.2 cm. Sa provenance d'origine est inconnue. On peut inférer sur la base de parallèles qu'il s'agît de Deir el-Médina, mais rien n'est sûr. La date est également attribuée par comparaisons à la vingtième dynastie. L'état de conservation est moyen. La pièce est fragmentaire. Les bords sont manquants. Il y a des lacunes. On voit des craquelures. Ces altérations suggèrent qu'elle fût roulée ou pliée. L'hypothèse serait confirmée par la bonne lisibilité du centre. Il n'y a pas de trace d'un cadre. La présentation interroge: comment faisait-on pour stocker la toile sans altérer la couche picturale lors des manipulations? La palette des couleurs est limitée: noir, gris, brun et jaune. Il s'agit de pigments naturels (suie, ocres), communs et peu coûteux.[130] Il existe des tons clairs et foncés. Les figures sont tracées sans contour. La silhouette et les détails internes des sujets principaux sont rehaussés d'un trait noir.

Principes de lecture
Les figures sont vues de profil tourné vers la gauche, sauf en cas d'affrontement. Une interaction entre les personnages est alors suggérée. L'orientation générale suit le sens courant de l'écriture. Sur la base de ce constat, on peut inférer que la lecture se fait de droite à gauche.[131] Selon le même principe, le haut domine le bas. Comme tout texte en lignes, on commencera en haut à droite et on finira en bas à gauche.

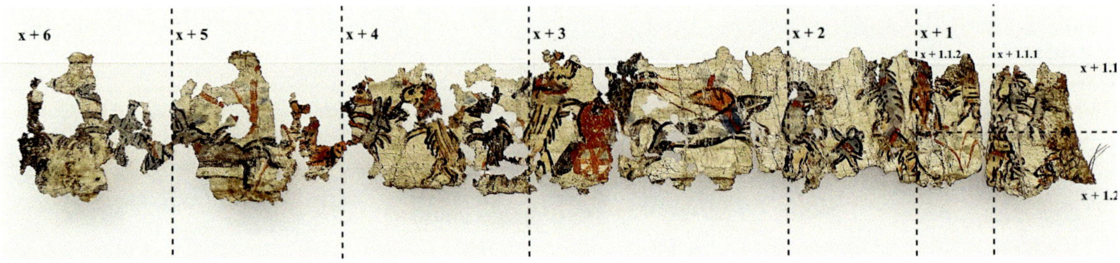

Fig 1. Vue générale. © J. Maître

Numérotation des vignettes
Les vignettes sont numérotées par ordre d'apparition (fig 1). En X + 1, l'espace est divisé en deux parties superposées. Elles sont différenciées entre-elles par la mise en espace, non par le marquage d'une ligne de séparation. Dans l'édition princeps du P. Turin, Museo Egizio CGT

[129] VERNUS 2012, 117; VERNUS 2013a.
[130] Les bleus et les verts sont produits artificiellement (Nouvel Empire). PAGÈS-CAMAGNA 2013, 47-8.
[131] C.E. Loeben (2009) dit: "Da die hauptsächliche Leserichtung von ägyptischer Schrift – und somit auch von Bildsequenzen – von rechts nach links verläuft, ist der leider nicht komplett erhaltene Bildstreifen auch in dieser Richtung zu „lesen"." Ce n'est pas parce que l'écriture est de droite à gauche qu'il faut lire la bande dessinée dans ce sens mais l'inverse. Par politesse, la salutation consiste à se tenir l'épaule gauche de la main droite. L'auteur dessine *de facto* les figures de profil tourné vers la gauche. Rien ne permet d'affirmer qu'il était scribe même si c'est assez probable.

55001, J.A. Omlin a séparé la parodie animalière de la pornographie en instituant une double numérotation (X + 1-15 et 1-12).[132] L'analyse du papyrus par P. Vernus montre que les deux parties sont les éléments constitutifs d'un ensemble cohérent. Le découpage est donc justifié par des raisons éditoriales. Or, les différents sujets ne sont séparés que vaguement par un végétal. En revanche, le cadre délimite l'œuvre ce qui lui confère son intégrité artistique. La parodie animalière et la pornographie partagent en commun la transgression des normes sociales. Elles relèvent de la satire. Rudesse et lubricité sont des qualités condamnées par la morale promue par l'élite. Leur mise en scène est une critique. Les buts visés sont divers. Elle institue cependant un bouleversement de l'ordre social, même éphémère. L'incomplétude du papyrus impose une numérotation ouverte. Des raccords restent possibles. L'ordre de présentation des vignettes n'est pas continu. À droite l'espace est divisée en deux parties superposées. Ce retour à la ligne est rendu en incrémentant la série par un indice de valeur 1. Le sens de lecture ne justifie pas de retour en arrière après X + 6. En effet, chacune est conçue de façon indépendante à un niveau élémentaire. La différence d'échelle suggère une importance moindre ou un lien de causalité. On aurait — peut-être — deux épisodes d'une même séquence narrative.

Contenu

Les scènes sont variées: jeu de balle, course en char, pornographie, etc. La pastorale, la musique, les célébrations cultuelles et la pompe royale sont absentes. Elles sont traitées sur un ton parodique. Le dessin fait rire. En revanche son intention n'est pas facile à cerner. On peut penser à la délectation du public, à la provocation d'une prise de conscience politique ou à une réflexion globale sur le monde. Le décor est réduit. Un arbre en X + 1.2 évoque un extérieur ou remplit un vide pour harmoniser la composition. Un autre végétal se trouve en X + 5. Les sujets sont des animaux humanisés sauf en X + 3 où les chiens remplacent les chevaux dans le rôle de carrossiers. Dans ce cas, il s'agit d'un transfert de fonction. Aucun n'a de costume. Le bétail et le gibier sont absents. Il n'y a pas d'oiseau ni d'animal aquatique. Leurs attributs sont réduits aux accessoires utilisés: les enfants jouent à la balle, le fuyard conduit un bige, l'amante est allongée sur un lit, etc. L'accent est surtout mis sur les interactions entre les personnages. Les valeurs symboliques des figures du bestiaire sont d'une importance capitale. Le coloris du pelage du lion est rendu en jaune et rouge, comme le soleil. Ces couleurs signalent sa 'solarité', une qualité investie d'un signifié royal. Par convention, chat et souris ont des couleurs qui se répondent, pour ne pas dire *complémentaires*. Ce choix n'est pas arbitraire mais se fonde sur la zoologie. Le naturalisme n'est pas fondamental. Prédateur et proie se définissent mutuellement. L'hippopotame est voué à Seth. Son coloris rouge est néfaste. La croyance se fonde sur un fait observable: l'épiderme de ce cousin du porc secrète un acide rose qui le protège des coups de soleil, etc.[133]

Vignettes

X + 1

L'espace est divisé en deux parties. Elles sont superposées symétriquement de part et d'autre d'un axe horizontal perpendiculaire au milieu du côté de la vignette. On trouve en haut: X + 1.1, et en bas: X + 1.2. On voit deux vignettes en haut, à droite : X + 1.1.1, et à gauche X + 1.1.2. Il n'y a qu'une vignette en bas : X + 1.2.

---

[132] OMLIN 1973.

[133] KLINGEL 2000, 71. Comparer au pichet R. P. XXXII Boston, MFA 21.11804 (K / III / 330); REISNER 1923a, 167; REISNER 1923b, 406, pl. 71, fig. 1. G. Reisner (1923b, 406) dit qu'il: "is most suitable for serving wine or beer"; on peut penser à une brune ou une ambrée. Le fait qu'un exemplaire a un bec verseur en forme de bélier — un animal fétiche — suggère une valorisation symbolique.

X + 1.1.1

La vignette montre un jeu de balle, voir ci-dessous (fig 2). Un bon parallèle existe chez *bꜣqt* III (BH15).[134] On la retrouve en X + 2. On voit trois personnages: deux souris et un chat.[135] Les unes sont gris clair. Le corps est compact. La tête est conique, les oreilles courtes et arrondies. La forme ressemble à celle du chat avec qui on peut la confondre. Le chat est jaune, fauve.[136] Sa plus petite taille suggère un chaton. Le côté droit de la feuille est incomplet. Le parallèle montre qu'il faudrait restituer une souris portant sur les épaules un chaton. Les participants sont répartis en deux équipes de deux joueurs ; une souris ramasse les balles à terre.[137] Les plus forts portent les plus faibles sur leurs épaules. La relation de prédation est neutralisée par le jeu. La règle inverse le sens du rapport de force naturelle.[138] Non seulement chats et souris se tolèrent, mais encore jouent-ils ensemble. L'humour est d'autant plus grand que la souris symbolise la [faiblesse].[139] L'association des contraires est exploitée sous une autre forme par le conte démotique du P. Leyde, RMO I 384, XVIII, 11-34 et Ésope, *Le lion et le Rat reconnaissant*.[140] La prédation du chat sur la souris fait partie de la mémoire collective. C'est un cliché culturel. Il est mis en œuvre dans des contextes nombreux et variés.[141] Le chaton et les souris jouent ensemble. Cette activité est un critère d'inclusion à la catégorie *ad hoc* des [enfants].[142] Dans ce modèle, la prédation est neutralisée. L'animal est miroir de l'homme. La transposition d'un

Fig 2. X + 1.1.1 © J. Maître

[134] Kanawati, Evans 2014, 35-6, pl. 22, fig a; Newberry, 1893, pls. VIII a, XIII.

[135] Osborn, Osbornová 1998, 46-7 (*House Mouse*), 106-110 (*Wild Cat*); Yoyotte 2005c; Vernus 2005k.

[136] O. IFAO 3125 (oDeM 2297); Vandier d'Abbadie 1937, 61, pl. XXXVII.

[137] Les joueurs ne peuvent pas le faire sans interrompre la partie pour descendre. A. Wiese (2001, p. 140 et Wiese 2003) a proposé un arbitre, ce qui est invalidé par sa position penchée.

[138] Bobis 2000, 126-128; Vycichl 1983, 107.

[139] Vernus 2005k, 629.

[140] Cenival 1988, 50-53; Ésope, *Fables*, 206.

[141] oDeM 2201 (O. IFAO 3217); Vandier d'Abbadie 1936, 46, pl. XXV.

[142] Le choix du comparant est significatif. L'ég. *ṯꜣỉ* "oisillon" désigne par extension métaphorique les juvéniles // fr. *poussin* ; à traduire par "jeune / petit (enfant)". L'oisillon est le prototype du nouveau-né. Le référent du signe G 47 est assis. Il est incapable de se tenir debout sur ses pattes. L'hypothèse est confirmée par la présence d'œufs non éclos. Il existe deux prototypes concurrents : avec (pigeon) ou sans (ouette, canard, etc.) duvet. Rien à voir avec le cailleteau (G 43). Cela expliquerait aussi l'alternance entre G 48 et G 49 dans le choix du déterminatif de *zš* "nid". Dans tous les cas il

jeu humain à des animaux renforce ce classement conceptuel. Elle institue également le cadre nécessaire à la fiction par la distanciation mise en œuvre.[143] C. Loeben propose un combat armé.[144]

identification : chaton, souris

sujet : jeu de balle

X + 1.1.2

Fig 3. X + 1.1.2 © J. Maître

On voit deux personnages (fig 3). Les figures sont affrontées, ce qui institue une interaction.[145] L'un est jaune rayé de noir. Le coloris réfère aux Félins; on peut penser à un chat ou un lion. L'autre est brun. La forme est plus robuste. Les oreilles sont grandes, la queue très courte. Le tracé des membres postérieurs évoque des jambes et non des pattes. Le contour des deux silhouettes est proche. Il s'agit d'un autre carnivore. On le retrouve en X + 5 et X + 6. Ce serait le même animal qu'en P. Londres, BM EA10016,2, X + 5 et, peut-être, en P. Turin, Museo Egizio CGT 55001, X + 7 (A, 2.1.1).[146] On peut retenir deux candidats: le caracal et l'ours. Le premier est un grand chat. Il fait partie de la faune locale.[147] Le second n'est pas indigène

crie pour réclamer à manger. L'analogie avec un bébé est forte. DAVIES 1941; KANAWATI, EVANS 2016, pl. 59, fig b.

[143] VERNUS 2019, 23-4.

[144] LOEBEN 2009, 37. Il est vrai que la vignette rappelle le P. Turin, Museo Egizio 55001, X + 11. Cependant, A. Wiese (2001, p. 140) a raison d'écrire: "aber in Wirklichkeit sind Katzen und Mäuse beim Spiel gargestelt." Je ne comprends pas L.D. Morenz (2014, p. 103): "Katzenheer erstürmt Mäusefestung." C'est l'inverse, d'où la dérision de l'assaut. La parodie est évidente. On moque les prétentions impérialistes de la couronne.

[145] Chat-caracal / ours (?) = clair et foncé.

[146] OMLIN 1973, 30, pls. III, XI.

[147] Berlin ÄM 1132; New York, Brooklyn 64.147; EDEL 1961, 244; HOULIHAN 1996, 43, fig 33, 57, fig 39; KANAWATI, EVANS 2014, pl. 35, fig b, 100; KEIMER 1948; OSBORN, OSBORNOVÁ 1998, 112-3; SEYFRIED 2019, 80-1, fig 51; VERNUS 2005d. L'analyse de K.J. Seyfried (2019, p. 80 reprenant E. Edel) n'est pas très convaincante. L'animal a une queue courte caractéristique. Le Chat des marais vit précisément dans les zones humides et non aux portes du désert.

à l'Égypte, mais il était connu.[148] Y voir une souris est impossible.[149] L'animal est rapproché du lion. On peut donc inférer une ressemblance. Elle explique la perception de ces animaux et leur classement proche. Dans tous les cas, le chat et le caracal / ours (?) sont des alliés. Les écarts qui les séparent sont faibles. L'interprétation de la scène est délicate. L'affrontement est la disposition la plus fréquent des figures. Le meilleur exemple est X + 6. On voit en P. Turin, Museo Egizio CGT 55001, X + 12 un combat au bâton et en X + 15, une bastonnade (?).[150] Le thème est courant.[151] Le supérieur — le garant de l'ordre — corrige les manquements de l'inférieur — un trouble-fait — pour normaliser leur relation, fondée sur l'inégalité sociale. Il est peut-être plus prudent d'y voir une discussion. Une autre proposition est une scène de lutte.[152] La danse n'est pas fondée.

identification : chat, caracal / ours (?)

sujet : négociation ?

X + 1.2

Fig 4. X + 1.2 © J. Maître

On voit quatre personnages (fig 4). Il s'agit de chats et de souris, voir X + 1.1.1 (fig 2). Les figures sont affrontées. Elles sont appariées. La composition forme un chiasme.[153] Elle est reproduite en X + 4 avec le changement d'échelle d'un personnage. Elle est proche d'X + 1.1.2. Il y a deux chats sur les côtés. Ils forment un encadrement. Chacun porte dans sa gueule une souris. Celles-ci sont placées au centre du dispositif visuel. C'est l'élément qui attire l'attention du regard, et sans doute l'objet de l'échange. Le lien de relation qui les relie se fonde d'abord sur la prédation, voir ci-dessus. Il est aussi social par extension métaphorique. X + 1.1.1 montre que la différence de taille est une convention artistique. Les figures sont normalement calibrées

[148] O. Le Caire, musée de l'agriculture JE 792 et JE 3075 (oDeM 2230 et 2231); VANDIER D'ABBADIE 1936, 48 ({hyène}<ours>), pl. XXXI; Berlin ÄM 21828; BORCHARDT 1913, pl. 3; HOULIHAN 1996, 196, fig 133; OSBORN, OSBORNOVÁ 1998, 81-3; YOYOTTE 2005b. Lions et ours sont des fauves qui menacent les voyageurs. On peut rappeler que le dém. *lby* "lionne" (> néo. *l-bꜣ-ỉ*) est le décalque de לָבִיא l'hébr. (labiy'), de même sens. Par extension analogique, il désigne l'ourse. Le cop. *SA* ⲗⲁⲃⲟⲓ rend parfois le gr. ἄρκος "ours" dans la Bible. On peut supposer le partage d'une qualité comme la férocité des mères. *DELC* 94; POSENER 1944.

[149] Elle est grise. LOEBEN 2009, 37; WIESE 2001, 140.

[150] OMLIN 1973, 31, pl. III, XI.

[151] VERNUS 2010, chap. 22.

[152] LOEBEN 2009, 37 (*Kampfspielen*); WIESE 2001, 140 (*ringen*); WIESE 2003 (*wrestling*).

[153] Chat-souris | souris-chat = chaud-froid | froid-chaud.

à la manière des signes graphiques.[154] Ici, le changement d'échelle institue une différence de valeur. Elle transcrit des statuts sociaux qui sont inégalitaires. La métaphore de la grandeur est transculturelle. En ég., le terme *ꜥ3* 'grand (par la taille)' s'emploie au figuré pour signifier l'importance. On parle aussi de *grands* en pour désigner des dirigeants.[155] Le terme *wr* indique l'appartenance à une classe privilégiée. Le référent du signe O 29 est un poteau porteur.[156] Ici la distinction se fonde sur l'âge. La relation est de type enfant-adulte.[157] L'arbre sous X + 1.1.1. serait un *space filer* ; sa fonction d'usage est de rééquilibrer la composition de X + 1.2. Il pourrait marquer un repère visuel indiquant une articulation. On peut penser à un échange d'otages. L'argument rappelle un épisode de la *Légende d'Etanna* actualisé dans la 'Vautouresse et la chatte' du *Mythe de l'Œil du Soleil* où l'une enlève le petit de l'autre.[158] La relation de prédation et l'inégalité du rapport social qu'elle met en œuvre sont exploitées comme un argument narratif. On peut se demander ces vignettes ne sont pas liées. La mise en page divise l'espace en quatre parties. X + 1.1.1 et X + 2 sont identiques. De plus X + 1.1.2 rappelle X + 1.2. En héraldique, le champ est dit 'écartelé'.

X + 2

Fig 6. X + 3 © J. Maître

On retrouve le jeu de balle (fig 5).[159] Elle est tenue par la souris en haut à gauche. La scène est complète. Ici ce sont les chats qui portent les souris. Les oreilles des souris — on l'a vu — sont courtes. Leur bout est arrondi. Celui des chats est pointu. Le pelage est rayé de noir.[160] Les poils du ventre sont longs. C'est aussi le cas d'une souris (épineuse ?).[161] La figure se trouve en haut à droite. Elle est vue de profil tourné vers la gauche. L'emplacement et l'orientation sont contraignants. On peut inférer une erreur de dessin. Le couple souris-chat apparie les extrêmes

[154] VERNUS 2016, 3.

[155] Par exemple *ꜥ3 n pr* "majordome"; F*CD*, 37.

[156] GARDINER 2001, 496; F*CD*, 37.

[157] MAITRE 2017, 97, n. 31.

[158] CENIVAL 1988, 2-5. On la retrouve chez Ésope, Phèdre et jusqu'à nos jours, ex : Fedor Flinzer, *Der Raubritter in der Klemme*, Leipzig, 1878.

[159] À l'instar de LOEBEN 2009, 37; WIESE 2001, 140 et WIESE 2003.

[160] Stockholm, MM 14094 et 14095.

[161] DIETERLEN 2013. Comparer à Plin. Nat. 10.85.

de taille et de dangerosité. Le lien de relation qui les relie n'est plus fondé sur la force mais sur la faiblesse. Le dominé est le supérieur. Le dominant est l'inférieur. Le thème est un cliché du genre prophétique.[162] L'inversion des valeurs fondatrice de l'ordre social affecte l'univers. L'ordre qui fixe les règles de vie de société n'est pas remis en question. Ce sont les valeurs qui le fondent qui sont critiquées. L'écart entre l'idéal de morale et la pratique quotidienne était peut-être trop grand.

identification: souris, chat

sujet: jeu de balle

A priori les vignettes X + 1.1.2 et X + 2 sont indépendantes. Le lien qui les relie est avant tout thématique. Le thème du jeu est peut-être traité de façon autonome pour son humour intrinsèque. L'inversion des rôles est aussi un élément narratif. On aurait deux temps. En revanche elle ne constitue pas un récit continu.

X + 3

La vignette montre quatre personnages (fig 6). Les figures sont vues de profil tourné vers la droite. L'orientation suggère leur déplacement. Elles s'avancent vers le regardeur. On voit un bige tiré par des chiens. L'un — au premier plan — est pie (noir et blanc), l'autre brun clair.[163] Il se retourne; seule la tête est dessinée. L'oreille droite est soulevée en l'air par la vitesse. Les oreilles sont tombantes. La queue est longue, arquée. Le poil est ras. Il s'agit de chiens courants, un type rapide employé à la chasse pour la poursuite et la capture du gibier.[164] Les chiens jouent le rôle de carrossiers à la place des chevaux.[165] La métaphore est filée par le coloris du pelage et la forme de la queue. Leur prestige est égal. Il s'agit d'adapter l'attelage. La traction canine est connue par ailleurs, dans d'autres sociétés.[166] L'endurance à la course est une vertu. Le chien en est l'emblème par excellence.[167] La caisse, les roues à six rayons, les guides et le collier de cou sont bruns. Le premier chien a un collier bleu. Le véhicule est conduit par un animal brun foncé rayé de noir.[168] Les oreilles sont droites, la queue est touffue :

---

[162] L'exemple prototypique est *Neferti* XII C: *d=ỉ n=k ẖrỉ r ḥrỉ pẖr.tỉ m s3 pẖr ẖt* "Je te prédis que l'inférieur sera le supérieur: celui qu'on suivait suivra untel!". Le jeu de mot sur *s3* "dos" et *ẖt* "ventre" n'est pas facile à rendre littéralement. Il inverse l'arrière et l'avant; aller derrière, être sur le ventre est un signe d'infériorité. Helck 2000, 48. Corrigez Parkinson 1997, 138. A. Wiese (2003, p. 140) parle d'un: "verkehrte Welt".

[163] O. Paris, musée du Louvre E 14366 (oDeM 2211), O. IFAO 3666 et 4106 (oDeM 2316 et 2826); Vandier d'Abbadie 1936, 44, pl. XXVI; Vandier d'Abbadie 1937, 65, pl. XLVIII; Vandier d'Abbadie 1959, 180, pl. CXII. Parallèle à BH03; Kanawati, Evans 2014, pl. 41, fig a.

[164] Vernus 2005i. Le chien courant est un type de chien de chasse spécialisé proche du sloughi. Il y en a d'autres: chien d'arrêt, rapporteur, terrier, etc. Parallèle exact dans Kanawati, Evans 2014, pl. 41, fig a, 53. Voir également Kanawati, Evans 2016, pl. 33, fig a., 36, fig a.

[165] Houlihan 2001, 78, 84, fig 86; Vernus 2013b, 105-6.

[166] Baratay 2011, 27-28; Leroi-Gourhan 1971, 136-7, 146-7.

[167] Chapelle rouge, bloc 146: *ỉnk s3b wd mntỉwt pẖr t3 m sẖr n 3t* "Je suis du type du chien errant : une personne qui allonge le pas, qui parcourt la terre en l'espace d'un instant!"; Burgos, Larché 2006, 38. Le texte est repris par Thoutmosis III, Ramsès II, Ramsès III… Comparer à *Sinouhé* B 56 = R 81; Allen 2015, 83-4. Voir le décor d'un collier de chien montrant une frise de chevaux; Le Caire, Egyptian Museum CG 24076 = JE 33774; Daressy 1902, 34, pl. XI.

[168] Parallèles Stockholm, MM 14049 et oDeM 2304 (col. part.) et O. IFAO 3398 (oDeM 2305); Vandier d'Abbadie 1937, 62-3, pls. XXIX, XLIV.

Fig 6. X + 3 © J. Maître

il s'agit d'une hyène.[169] Un lion la poursuit.[170] On comprend qu'elle cherche à lui échapper. Le char est un moyen de locomotion rapide pour fuir. Comme le chien, elle se retourne. Le but est de vérifier d'avoir semé le poursuivant. Le chien a peur. Il demande à être rassuré. Le geste rompt tout monotonie. C'est aussi le moyen de montrer le sujet situé à l'arrière-plan. Il institue également une relation de ressemblance. On devine les prémices d'un classement. Tous sont des carnivores. En revanche, ils ne sont pas égaux. L'ordre hiérarchique de la catégorie se fonde sur un rapport de force : chien < hyène < lion, le prédateur apex. La composition rappelle le P. Turin, Museo Egizio CGT 55001, X + 11 qui parodie les interventions au Levant.[171] On aurait plutôt un parallèle exact avec X + 14 (A, 2.2.2.2) et, peut-être, le P. Londres, BM EA10016,2, X + 3 (A, 2.2.2.1).[172] Ici le [FAIBLE] fuit devant le [FORT]. L'ordre social n'est pas bouleversé. Dans le premier cas, le souverain est une souris. Ses ennemis, des chats. L'inversion des valeurs reste positive et réfère à l'idéologie politique du roi de guerre.[173]

identification: chiens, hyène, lion

sujet: fuite en bige

X + 4

X + 4 montre quatre sujets affrontés deux à deux; les figures sont distribuées selon un axe de symétrie vertical (fig 7). L'affrontement suggère leur interaction. L'encadrement montre qu'ils

[169] OSBORN, OSBORNOVÁ 1998, 97-104 (*Striped Hyena*); VERNUS 2005c. L'animal passait pour dangereux mais couard. Sa fuite est un leitmotiv dans l'art. Voir O. Paris, Louvre E 14366; HOULIHAN 1996, 63, fig 65; SÄVE-SÖDERBERGH 1957, pl. XVII, fig D. Comparer à O. Paris, Louvre E 14366 (oDeM 2211), oDeM 2228 et O. Paris, Louvre E 14368 (oDeM 2294); VANDIER D'ABBADIE 1936, 44, 47, pl. XXVI, XXX; VANDIER D'ABBADIE 1937, 60, pl. XLIII ({renard}<hyène>).

[170] OSBORN, OSBORNOVÁ 1998, 113-9; YOYOTTE 2005a.

[171] OMLIN 1973, 30-1, pl. XI.

[172] OMLIN 1973, 31, pls. III, XI. J.A. Omlin pense à un chat réparant un char: "Katze beschäftigt sich mit einem Streitwagen". Certaines copies anciennes montrent qu'il en poursuit un autre dans un char tiré par des lions; OMLIN 1973, pls. XIV-XV (Seyffarth, Rosellini A). Comparer à Louvre E 11656; LOUVRE, *Collections* [copie] (Rosellini B).

[173] La personne physique du souverain triomphe seul de la multitude d'ennemis. *Qadesh* P 266: *ỉw=ỉ ḥr ʿḥꜣ hd=ỉ ḥḥ n ḫꜣst wʿ.kw* "Je combattais et quand j'aie été seul, j'ai attaqué un million de pays étrangers!"; K*RI* II, 81, K 1.

Fig 7. X + 4 © J. Maître

forment deux couples d'opposés complémentaires hiérarchisés et formant un chiasme.[174] On retrouve un double classement zoologique proie-(super)prédateur et une chaîne de carnivores de tous formats. Le lion est plus grand. La face est courte. Les oreilles sont arrondies, tournées vers l'arrière. Le pelage est fauve avec une crinière brun clair. L'hyène est plus petite. La face est allongée avec une cassure entre le front et le museau. Les oreilles sont pointues, tournées vers l'avant. Sa position est marginale, son rang secondaire. L'ânon est facile à identifier.[175] Le dernier animal est un autre carnivore. La tête est arrondie, la mâchoire forte. La gueule est armée de dents. La face est courte, les oreilles pointues. La queue est également courte. Le pelage est brun. On le retrouve en X + 1.1.2 et X + 5. Il s'agit du même animal qu'en P. Londres, BM EA10016,2, X + 5. Il ne s'agit pas du chien ni de l'hippopotame ou du porc.[176] L'interprétation la plus probable est de l'identifier – sous réserves – au caracal, un grand chat. L'hypothèse d'un ours reste possible. Dans les deux cas, la figure est plus ou moins subordonnée au lion. La composition est complexe. Le lion et l'âne forment un couple d'opposés complémentaires. L'hyène et le caracal / ours (?) sont appariés. L'un et l'autre partagent en commun plusieurs qualités. Ce sont des carnivores moyens. Leur rôle est secondaire. Ils sont subordonnés au lion. Les carnivores sont classés dans de la catégorie *ad hoc* des [FAUVES]. Plusieurs critères la définissent. Le statut des membres de base est inégalitaire. Il existe une hiérarchique fondée sur la force. On retrouve cette condition d'infériorité dans les textes de la pratique, comme les traités de sorcellerie.[177] Les coloris de pelage créent un rythme régulier. L'alternance des couleurs assure la cohérence de l'ensemble. Les tons chauds rapprochent le lion et le caracal / ours (?), deux félins ou deux grands prédateurs. Les gris rappellent également la prédation

[174] Hyène-lion | âne-caracal/ours (?)

[175] Osborn, Osbornová 1998, 134-136 (*Domestic Ass*) ; Vernus 2005h.

[176] Ils apparaissent en P. Londres, BM EA1016,2, X + 1.

[177] P. Londres, BM EA10042,1 (pHarris 501), V° I, 3-4: *ḫtm rꜣ n mꜣiww ḥtiw* | *tp n iꜣww nb qꜣ sd sp 2* || *nti wnm=w m iwf* | *swi=w m snf* "Scellez la gueule des lions et des hyènes° et de toutes les bêtes à la queue en l'air! (bis)° Celles qui mangent la chair° et boivent le sang!"; Borghouts 1978, 50, no 83; Leitz 1999, 47, pl. 21; Maitre 2020, 22 et n. 19. L'analyse grammaticale de C. Leitz (1999, p. 47: "first of all animals") n'est pas correcte. L'idéographie de *tp* indique qu'il s'agit d'un substantif et non d'un adjectif. L'accord avec *nti* montre que la locution n'est pas complètement lexicalisée. Le sens est très clair, litt. 'tête de bétail' > bestiau > bête qui est préférable à animal, lequel réfère au règne des *Animalia*. Sur *tp-n-iꜣw*, voir: Vernus 2005b, 87. A. McDonald avait fait le lien entre le geste de la queue et l'agressivité ; McDonald 2000. C'est un critère d'inclusion à la catégorie *ad hoc* des [FAUVES]. La section Y donne des exemples de membre basiques: *hVi*, *b-g*, *ḏ-p-r/l-m*.

de l'hyène sur les ânons nouveau-nés. Il s'agit d'un cliché. Il constitue une scène de genre du décor des chapelles funéraires. La composition rappelle la vignette P. Turin, Museo Egizio CGT 55001, X + 4.[178] Il n'y a pas ici de rapport évident au sacrifice. On l'expliquer par le cleptoparasitisme, ou charognage actif. Un prédateur apex force un carnivore plus faible à lui abandonner sa proie. L'argument est exploité par les fabulistes dans le corpus ésopique, voir l'argument de la fable du *Lion, l'Âne et le Renard.*[179] Selon A. Wiese et C.E. Lœben, le lion et l'hyène sont armés de rasoirs. L'objet y ressemble.[180] En revanche, son usage comme arme serait surprenant. Pourquoi pas des couteaux? Y voir des brigands est forcé. L'interprétation semble biaisée par un ethnocentrisme. De plus les identifications sont erronées.[181] En soit, le comique de la situation est très drôle: des animaux à fourrure veulent se raser! Même si la référence n'est pas facile à saisir, l'argument mobilise du savoir sur le monde.[182] L'étude des déterminatifs montre que la pilosité caractérise les membres du collectif [HIDE & TAIL].[183] Cette catégorie d'existants n'est pas seulement fondée sur la quadrupédie ; celle-ci — à mon sens — n'est qu'un critère d'inclusion dont le rang reste à définir.[184] De fait, c'est une qualité inhérente aux mammifères qui représentent la majorité du tout.[185]

identification : lion, ânon, hyène, caracal / ours (?)

sujet : échange d'otage ?

X + 5

X + 5 montre un âne allongé sur le dos sur un lit (fig 8); l'animal brun est au pied du lit, voir ci-dessus (figs. 3 et 7).[186] Le tableautin rappelle fortement le P. Londres, BM EA10016,1, X + 1. Si l'on suit l'orientation générale des figures, le sens de lecture place X + 1 avant X + 4 qui montre la partie de jeu de plateau entre un lion et une gazelle. Il semble difficile de les lier par un lien de causalité. Si le lion apparaît en facteur commun, le coloris des pelages de l'antilope ne correspond pas: l'un est brun roux et l'autre gris. On aurait en fait deux animaux différents:

---

178 OMLIN 1973, 29, pl. XI.

179 Ésope, *Fables*, 209.

180 PETRIE 1917, pl. LXI, fig 78-9.

181 L'animal brun n'est pas une souris. Il n'est pas monté sur l'âne. Le rat est une hyène. LOEBEN 2009, 37-8; WIESE 2001, 140; WIESE 2003.

182 Circoncision, première tonte sont des rites initiatiques à l'âge adulte ; aucune ne semblent convenir ici.

183 GOLDWASSER 2002, 57-89. De ce point de vu, la catégorie est proche *de facto* des Mammifères. L'emploi de F 27 comme logo de [HIDE & TAIL] n'est pas exclusif. Le signe donne à voir un pattern tacheté ; le sens propre ne disparaît pas par la suite, comme le montre son emploi dans des noms oiseaux colorés (*ỉbꜣyt* "alouette (?) > *ỉꜣbyt* "huppe", lit. *le voltigeur / le rayé*, *knmtỉ* "corbeau", *gbgꜣ* "corneille", dém. *srṱ (< swrwt)* "rollier", *qqpd* "huppe", etc.). Une pie-grièche s'appelle d'ailleurs *sꜣbw*, lit. *le masqué*.

184 J'en ai défini cinq pour les besoins de ma thèse, dont : 1. biotope, 2. locomotion, 3. extériorité, chaque niveau étant divisé en deux sous-ensembles, par exemple 2.1. mode et 2.2. moyen, etc. Le problème a été très bien vu par O. Goldwasser (2002, 80, 85). L'inclusion de serpents serait fondée en partie sur leur mue.

185 Les *Mammalia* sont des "tétrapodes caractérisés par la présence de mamelles, par une peau généralement couverte de poils et par une reproduction presque toujours vivipare"; TILLIER 1999, 277. Le prestige de la peau de léopard explique la non prise en compte des mamelles qui sont un attribut sexuel secondaire.

186 Il ne peut pas s'agir d'une souris qui est grise et non brun contrairement à l'idée de C.E. Loeben.

Fig 8. X + 5 © J. Maître

un âne et une gazelle.[187] L'âne et le lion sont rapprochés dans le P. Turin CGT 55001, X + 2.[188] Ici l'orientation en sens contraire de la figure suivante montre que celle-ci n'appartient pas à X + 5 mais à la suivante, X + 6. Par conséquent il n'y a pas de figure à gauche pour rééquilibrer la composition. Elle valorise le sujet principal qui a plus d'espace ; son importance est plus grande. Le sens de lecture place également X + 5 avant X + 6, si bien qu'on peut douter de l'existence d'un lien de cause à effet les reliant. Plusieurs interprétations sont à considérer. X + 5 est peut-être un sujet indépendant, traité pour ses qualités intrinsèques. Le fait d'avoir un âne sur un lit est déjà comique en soi. La figuration des mêmes personnages en X + 4 génère une attraction visuelle. Il est possible que l'auteur anticipât la conception de la vignette X + 5 en dessinant X + 4. Elle explique leur rapprochement qui serait contingent. La présence des mêmes personnages institue *de facto* un lien de succession logique qui facilite la lecture. La figuration d'une scène de momification n'est pas crédible.[189] Les représentations qu'on en connait ne montrent pas le cadavre.[190] La momie est exposée dans un simulacre de sommeil. Le lit est alors un modèle mortuaire. Une alternative serait d'y voir un traitement médical. Plusieurs soins impliquent des lavements, des suppositoires et des tampons. Cependant l'hypothèse n'est pas plus crédible. L'absence d'encadrement élimine la possibilité d'une référence à la position des maïeuticiennes. Dans ce rôle joué par Isis et Nephthys, on aurait attendu un oiseau et non un mammifère. On ne retrouve pas non plus d'attribut maternel : bésoïdes, calice, miroir et pot

---

[187] On peut lever le doute d'HOULIHAN 2001, 66 qui avait vu le problème: "the colourings of the two beasts do appear to be somewhat different". L'hypothèse formulée par R.B Parkinson est invalide.

[188] OMLIN 1973, 28-9, pls. II, XI, XIII.

[189] HOULIHAN 2001, 66; MORENZ 2012, 101-2. La lecture funéraire des vignettes n'est pas crédible; leur valeur religieuse n'est pas fondamentale. Le lion renvoie au triomphe royal et non à l'éviscération des cadavres (chiens, accipitres). Le parallèle avec le *LdM* 17 n'est pas évident. Il ne s'agit pas d'un bouquetin (*Steinbock*) mais d'une gazelle; elle évoque le charme féminin, voir l'ar. غزال comme métaphore transfert. La parodie de partie de jeu de plateau entre le Ramsès III et une princesse est douteuse (*MH* 8, 640). On observe également que ce tableau montre exactement l'inverse de la vignette. Ramsès III déplace son pion. La princesse lui remet celui qu'il vient de gagner. Sur le P. Londres, BM EA10016,2, X + 4, le lion serait plutôt en train de perdre. Sa gueule est ouverte. Il rugit de rage, et non de joie. Tout montre que le fort s'est fait battre par le faible, inversant le sens du rapport de force naturel entre le dominant et le dominé. La prédation n'est qu'une métaphore transfert pour exprimer l'inégalité de cette relation sociale. La proposition de P.F. Houlihan n'est pas valide; HOULIHAN 2001, 65: 'he appears to be in a winning position.'. Cette conclusion renforce l'idée d'autonomie de X + 1 et X + 4, qui ne sont pas liées.

[190] Hildesheim, RPM 1953; SCHMITZ 1993, 31.

de khôl. L'ânesse en X + 5 est allongée dans le sens contraire du lit : la tête est au pied et les membres postérieurs au chevet. L'orientation est contraire à celle du dormeur. En revanche, elle facilite l'accès au sexe. Ses bras sont tendus. Le geste est un signe d'invitation. On peut inférer une copulation. Un parallèle existe en P. Londres, BM EA10016,1, X + 1 où un lion et un mammifère sont en position du bateau ivre. Le pelage du partenaire couché est gris. Le coloris montre qu'il ne s'agit pas de la gazelle de X + 1. Les deux vignettes sont autonomes. Le P. Turin, Museo Egizio CGT 55001, 6 montre qu'il était courant de coucher ensemble sur un lit lors d'un rapport sexuel.[191] Là encore, l'orientation des corps réfère à la fonction d'usage primaire du lit qui est d'offrir un support où s'allonger.[192] Un proche parallèle est P. Turin, Museo Egizio CGT 55001, 10.[193] La position sexuelle est différente. L'acte se déroule sur un matelas par terre. La présence d'un perséa à l'arrière-plan évoque un jardin.[194] Le cadre suggère un érotisme.[195]

identification : ânesse, caracal / ours (?)

sujet : copulation

Fig 9. X + 6 © J. Maître

X + 6

La vignette montre deux personnages (fig 9). Les figures sont affrontées. On identifie des mammifères voire des carnivores. L'un est gris rayé de noir, l'autre brun foncé. Leurs poils sont longs. Les traits sont des tâches ou le rendu de la raideur des poils. Le sujet de droite a une tête massive.[196] Sa face s'allonge en un museau. On voit une tache brune devant la truffe. Elle correspond au bout de la patte du sujet de gauche. Ils ont les bras tendus. Celui de droite tient

---

[191] OMLIN 1973, 34-5, pl. VI, XI, XIII.

[192] oDeM 2345 (col. part.); VANDIER D'ABBADIE 1937, 71-2, pl. LIII.

[193] OMLIN 1973, 36, pls. XI, XIII.

[194] *Mimusops laurifolia* (Forssk.) Friis; BAUM 1988, 87-90.

[195] L'épouse d'*wbꜣ-ỉnr* le cocufie dans le jardin avec un inférieur (*nḏs*). P. Berlin, ÄM 3033 (pWestcar), II, 5-6: *ỉw ms wn šspt m pꜣ š n wbꜣ ỉnr* | *mtn ỉr.n ꜣt ỉm=s* "Il y a donc un pavillon dans cette piscine d'Oubainer! Vois, puissions-nous y passer un moment!"; BLACKMAN 1988, 2. Voir cependant la remarque d'A. Wiese (2001, 140): "Die Laube selbst ist nicht zu erkennen, doch mag die Planze im Hintergraud dieses Ambiente andeuten". Pour les relevailles, voir ci-dessous.

[196] VERNUS 2013b, 104-5.

un ânon. La vignette représenterait, peut-être, une scène une mise en nourrice. Une alternative serait d'y voir un rapt.[197] Selon A. Wiese et C.E. Lœben, l'objet tenu par l'hyène serait un ânon. Il faut supposer que X + 5 représente des relevailles.[198] Plusieurs ostraca existent.[199] Dans ce cas le caracal / ours (?) jouerait bien le rôle d'une servante. Cependant ce n'est pas ce que montre le papyrus londonien. De même, la mère doit être assise pour le lavement des pieds.[200] Il faut aussi supposer que l'accouchement soit passé sous silence. La succession X + 5 et X + 6 est vraisemblable. L'animal gris serait l'hyène rencontrée en X + 3 et X + 4, et non un rat.[201] Pour l'autre, on peut penser au porc, la *bête noire* des chasseurs.[202] Un parallèle exact se trouve en P. Londres, BM EA10016,2, X + 1 (A, 2.1.2). L'animal est vorace. Il mange de tout.[203] L'hyène abandonne-t-elle le bâtard du lion et de l'ânesse au porc?[204] L'image de la truie est associée à la maternité. Elle peut dévorer ses petits.[205] En lui confiant le rôle de la nourrice, la satire inverse les valeurs normatives: de bonne, elle devient mauvaise.

identification: hyène, porc (?), ânon?

sujet: mise en nourrice

Remarques

La bande dessinée Bâle BSAe 1081 met en scène des animaux connus: chat et chaton, souris, lion, hyène, chien, ânesse et ânon, peut-être l'ours et la truie. Ce sont des mammifères terrestres proches de l'homme (fig 10). La plupart fait partie du paysage visuel animal. Seul l'ours — si c'est bien lui — serait exotique. Le répertoire de scènes est grandement augmenté. On retrouve la domesticité et les loisirs. Les autres thèmes sont rares. Peu de parallèles existent. L'accent est mis sur les relations sociales entre les personnages (enfant-adultes, mâle-femelle, héros-méchant).

On peut interpréter ce type de documents comme un album d'histoires. Déjà, A. Wiese y faisait référence en parlant d'un: 'type of picture book'. Le concept doit être développé.

[197] Wiese 2001, 140. Le situe ici le rapt en raison du sens de lecture. En X + 4. L'auteur parle de "Raub des Eselskinde", ce qui est juste. En revanche la proposition de lecture n'est pas logique. L'ânon ne peut pas être présent en X + 4 avant d'être né en X + 5. Même si les vignettes vont par paires (X + 3-4 et X + 5-6), le regard suit le sens linéaire du parcours qu'est la bande.

[198] Le pavillon est absent.

[199] Pour les exemples, voir ci-dessous. Sur le sujet: Arnette 2014.

[200] Stockholm, MM 14070; oDeM 2337 (O. Le Caire, Egyptian Museum JE 63806) et 2343; Vandier d'Abbadie 1936, 69-71, pls. L, LI.

[201] Hyène prédatant des nouveau-nés: Kanawati, Evans 2014, pl. 38, fig b (gazelle); Newberry 1893, pl. XXXV (bubale).

[202] L'identification reste incertaine. On s'attendrait au chacal, un personnage récurent proche de l'hyène. A. Wiese voit un rat (*rat*, *Ratte*). C.E. Loeben à bien vu l'hyène mais l'autre ne peut pas être le lion (jaune). Parallèle en P. Londres, BM EA10016,2, X + 1. P.F. Houlihan (2001, 67) parle d'une "female assistant of some species". Le dessin est pourtant clair. Sur l'animal: Keimer 1935; Helck 1984; Osborn, Osbornová 1998, 142-3 (*Wild Boar*); Vernus 2005j.

[203] Maître 2020, 23, 25. Sur sa voracité, voir: Volokhine 2014, 94-9. La truie dévore ses porcelets, voir le mythe étiologique de Nout.

[204] Le prestige de l'âne est nul. C'est une bête de rente que l'on bat. L'exemple de *Ramsès* est célèbre; Grandet 2003, 261. Le lion passe pour indomptable. Il est l'un des emblèmes de la royauté. Le thème de la mésalliance est un poncif. Elle est infâmante.

[205] Volokhine 2014, 151, n. 10. Ce comportement bien connu est mal compris ; ce n'est pas l'apanage du porc. Plusieurs explications sont possibles: stress, puerpéralité, élimination d'un petit surnuméraire ou handicapé, conflit social, etc.

Les vignettes ne sont pas des illustrations. Leur fonction d'usage n'est pas la mise en image d'un texte. On le voit par les écarts qui existent dans les livres funéraires. À la manière de la scène de genre, le récit est visuel.[206] La prise d'information passe par le regard. L'observateur voit la figuration de realia qu'il peut identifier au moyen de sa culture personnelle. Il n'y a pas besoin de l'intellectualiser pour la comprendre. Libre alors pour lui d'exprimer par le langage agents et procès, patients, décors, emblèmes, etc. à l'oral ou via l'écrit. On s'en rend compte dans le décor des chapelles funéraires. Dans les tableaux de chasse, les espèces les plus emblématiques sont parfois légendées. Mais ce n'est pas toujours le cas. Quel intérêt y avait-il à nommer 'lion' un lion, un animal dont tout le monde connaissait le nom? Une levée de doute n'est pas crédible. On peut alors penser à une complémentarité. Un des objectifs de la décoration des parois est de délivrer un message. Le recours à l'image et au langage écrit permet de toucher un public élargi.

L'illustration de fables n'est pas démontrée. Y voir une série de sketchs sans légende est plus sûr. Ils peuvent être unis — mais pas toujours — par un fil conducteur. *De facto* les tableautins sont autonomes. Ils fonctionnent rarement par paire. L. Morenz (2014, p. 102-103) a bien montré des effets d'encadrement, etc. On peut les comparer à la décoration de parois, spécialement celles des temples. L'agencement des tableaux est géométrique. Il s'agit d'un discours visuel, avec ses procédés rhétoriques. Une narration suivie n'est pas fondée. Les propositions de lecture sont d'ailleurs peu convaincantes…

Le but visé est avant tout le délassement des tensions. Mais était-il récréatif?

Le recours aux animaux établit d'entrée de jeu une distanciation par rapport à l'expérience quotidienne. Sauf exception, ils jouent des rôles sociaux d'humains. Les traits sont exagérés: le lion est fort, l'hippopotame glouton, etc. Ce sont des caricatures. Ces trois critères réunis font rire jaune. Les vignettes illustrent une satire de l'homme. Coïncidence, la plupart des parodies animalières datent de la fin du Nouvel Empire. On sait la vie difficile à Deir el-Médina: pénurie, grève, guerre civile, insécurité… La crise rompt *de facto* la norme. Elle suscite en réaction une remise en cause des valeurs fondamentales de la société. Il est difficile, dans ce contexte, de douter du caractère satirique de la parodie animalière. La bande dessinée satirique est un dérivatif des tensions sociales. La dérision de la parodie animalière fait rire. L'humour qui la caractérise crée un espace de liberté qui permet d'adoucir un mal-être social en s'éloignant du réel grâce au divertissement. En revanche, le genre n'est pas limité à la satire, et inclut le

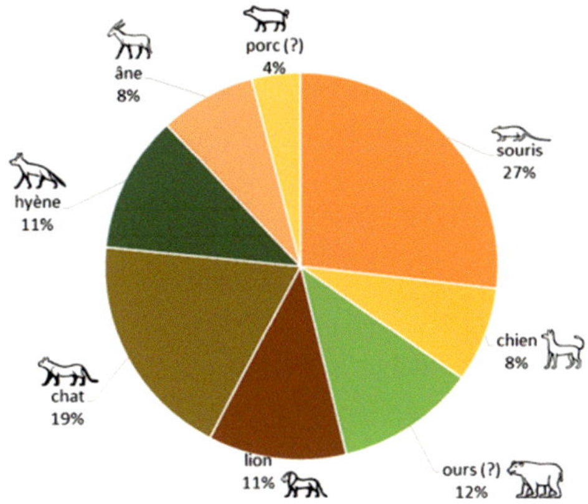

taxa	%
souris	27
chien	8
ours (?)	11,5
lion	11,5
chat	19
hyène	11,5
âne	8
porc (?)	4

Fig 10. © J. Maître

[206] Elle figure des faits divers où des procès sont dynamiques. La peinture de paysage est surtout contemplative. Elle laisse la liberté d'interprétation les détails qui en rompent la monotonie.

comique de plein droit.

Domestique ou errant, le chien est une figure familière. L'âne est une bête de somme. Le porc est une bête de boucherie. Chacun à son utilité pratique. On parle de bêtes de rente. Ce n'est pas le cas du chat et de la souris, animaux sauvages captifs des activités humaines. L'un et l'autre interagissent peu avec l'humain. Ils colonisent les habitats sans y être invités. Leur présence est tolérée tant bien que mal. Ils sont également chassés. La place de l'hyène est intermédiaire. La documentation montre qu'elle était bien connue. C'est un animal nocturne. Il s'aventure aux abords des villages et attaque le bétail et l'homme. Tous ces animaux font plus ou moins partie du paysage visuel animal; on peut les observer facilement en liberté. Plus sauvage, le lion était rarement vu. On le connait surtout par ouï-dire. Cependant, son image circule abondamment. Il est facile à identifier. Sa consistance culturelle est forte. Ce n'est pas le cas de l'ours qui reste mal connu. On le mesure à la qualité des dessins. Les figurations sont peu naturalistes et stéréotypées. C'est un mélange de lion et d'hyène avec de jambes d'humain. Ses oreilles courtes et rondes et sa queue petite le différencient. Le caracal ne s'observe pas près des habitats. Sa distribution est plus limitée. Sa fréquence dans les tableaux de chasse suggère qu'on en voyait à l'occasion.

Les animaux ont des qualités réelles ou supposées. Elles sont moralisées. Le lion symbolise la force. Sa valeur est positive s'il est un attribut du roi. En revanche, elle est négative s'il s'agit des ennemis. Certains sont également plus représentatifs que d'autres. Il existe une hiérarchie de symboles, avec des fonctions différentes. L'hyène est proche du lion. Les deux espèces occasionnent des dégâts au bétail. Plus faible, elle est reléguée au second rang. Son caractère craintif est vu comme un signe de couardise. Le statut de l'hyène est dégradé au rang de celui des chiens. Sa force est tournée en dérision. En revanche, l'ours peut rivaliser avec le lion. L'âne est un animal familier et docile. Apparié au lion, ils associent les contraires. Les qualités sont extrêmes, caricaturales.

On peut définir deux pôles. Le civilisé produit. Il est vertueux. Le sauvage prédate. Il est vicieux. L'opposition est exprimée par un anthropocentrisme. Elle se fonde sur la domesticité, une condition, et non un processus ou un état résultatif. Le tableau ci-dessus illustre trois degrés d'intensité de la relation de l'homme à l'animal non-humain (fig 11). Le lion est extrêmement sauvage; on le chasse pour le détruire.[207] *A contrario*, l'âne est une bête de somme. Sa domesticité est complète, ce qui n'est pas le cas de la gazelle, un commensal externe.[208] Comme le bubale, elle peut être élevée en captivité (claustration) et alimentée de force pour engraisser comme un bœuf gras (*ʿwt*).[209]

Le procédé transpose cet état de fait aux relations sociales des groupes humains. Par analogie, la chasse est rapprochée de la guerre. Il est courant d'anthropomorphiser les animaux en leur prêtant des sentiments humains. C'est un moyen logique d'expliquer leurs comportements. Il permet aussi de les classer.

---

[207] Son apprivoisement passe pour prodigieux, en pWestcar VII, 4-5: *ỉw⸗f rḫ rdt šm mꜣỉ ḥr sꜣ⸗f wꜣ⸗f ḥr tꜣ* "Il (i.e. Djédi, le magicien) sait faire qu'un lion le suive, sa laisse étant par terre."; Blackman 1988, 8.

[208] Planhol 2004, 216 sqq. (les 'Pillards').

[209] P. Londres, BM EA 9994 (pLansing), r° III, 8-10: *bỉn tw r ssꜣ ḥr ḫꜣst | ʿnḫ⸗f m sḫsḫ | bw ỉrrw⸗f mtr n skꜣ | bw ḥw.tw⸗f ḫt m kfw | ʿnḫ⸗f m i.ỉrr.tw nꜣ kꜣw | bw ʿq⸗f ỉm⸗sn* "Tu es pire que le bubale sauvage qui vit de maraude: il ne passe pas midi à labourer ni ne bat l'aire, du tout; il vit du travail des bœufs bien qu'il ne les rejoint pas (dans l'effort) !"; G*LEM*, 102, 11; C*LEM*, 382-3. Son encornure ressemble à celle de *Bos taurus* (Linnæus, 1758). Sur le gavage (volaille), voir: Maitre 2021.

	fort	**moyen**	**faible**
animal	lion	gazelle	ânesse
genre	masculin	féminin	féminin
pouvoir d'agir	fort	faible	faible
condition	sauvage	commensal	domestique
utilité	prédateur	(dé)prédateur	producteur
menace	féroce	docile	docile
biotope	oued	oued	habitat
menace	dangereux	inoffensif	inoffensif
coloris	jaune	brun	gris

Fig 11. © J. Maître

Bibliographie

Abeele, B. van den, *La fauconnerie dans les lettres françaises du XIIe au XIVe siècle* (Louvain: Mediaevalia Lovaniensia I/14, 1990).

Agut, D., Moreno García, J.C., *L'Égypte des pharaons. De Narmer à Dioclétien*, 3150 av. J.-C.–284 apr. J-C. (Paris: Mondes anciens, 2016).

Allen, J.P., *Middle Egyptian Literature: Eight Literary Works of the Middle Kingdom* (Cambridge, 2015).

Allen, T.G., *The Book of the Dead or Going forth by Day. Ideas of the ancient Egyptians concerning the hereafter as expressed in their onwn terms* (Chicago: SAOC 37, 1974).

Alliot, M., *Le culte d'Horus à Edfou au temps des Ptolémées* (Le Caire: BdÉ XX/2, 1949).

Anderson, J., *Mammalia* (Londres: Zoology of Egypt 2, 1902).

Andreu-Lanoë, G., "Papyrus dit 'papyrus érotico-satirique' de Turin et sa copie", in G. Andreu-Lanoë, S. Labbé-Toutée, P. Rigault (eds.), *L'art du contour. Le dessin dans l'Egypte ancienne* (Paris, 2013), 332-3.

Aristophane, *Comédies. Tome III : Les Oiseaux – Lysistrata* (Paris: Collection des universités de France. Série grecque 49, 2009).

Aristote, *Histoire des animaux. Tome I : Livres I-IV* (Paris: Collection des universités de France. Série grecque 164, 1964).

Arnette, M.L., "Purification du post-partum et rites des relevailles dans l'Égypte ancienne", *BIFAO* 114 (2014), 19-72.

Arnott, W.G., *Birds in the Ancient Wold from A to Z* (Londres, New York: The ancient world from A to Z, 2007).

Arpagus, D., "Die Schwarzmilane von Avaris", *GM* 238 (2013), 7-18.

Assmann, J.C., *Maât. L'Egypte pharaonique et l'idée de justice sociale*, (Paris: Collection Égypte, 1999).

Assmann, J.C., *Mort et au-delà dans l'Egypte ancienne* (Monaco, Paris, 2003).

Babcock, J.M., *Ancient Egyptian Animal Fables. Tree Climbing Hippos and Ennobled Mice* (Leyde, Boston: CHANE 128, 2022).

Badawy, A., *The Tomb of Nyhetep-Ptah at Giza and the tomb of 'Ankhm'ahor at Saqqara* (Berkeley: UCLAP 11, 1978).

Baratay, B., *Bêtes de somme. Des animaux au service des hommes* (Paris: Points histoire 442, 2011).

Barbotin, C., Âhmosis et le début de la XVIIIe *dynastie* (Paris: Les grands pharaons, 2008).

Bardinet, T., *Les papyrus médicaux de l'Egypte pharaonique. Traduction intégrale et commentaire* (Paris: Penser la médecine, 1995).

Baum, N., *Arbres et arbustes de l'Égypte ancienne* (Louvain: OLA 31, 1988).

Beaux, N., *Le cabinet de curiosités de Thoutmosis III : plantes et animaux du 'Jardin botanique' de Karnak* (Louvain: OLA 36, 1990).

Baum, N., *Le temple d'Edfou. À la découverte du Grand Siège de Rê-Harakhty* (Monaco: Champollion, 2007).

Belon, *L'Histoire de la nature des oiseaux, avec leurs descriptions et naïfs portraits retirés du naturel, écrite en sept livres* (Paris, 1555).

Blackman, A.M., *The Story of King Kheops and the Magicians. Transcribed from Papyrus Westcar (Berlin Papyrus 3033)* (Reading, 1988).

Bobis, L., *Une histoire du chat. De l'Antiquité à nos jour*s (Paris: Point histoire 356, 2000).

Bojowald, S., "Versuch einer ornithologischen Bestimmung der Vögel '*ỉꜣb*' und '*ḫỉ*'", *GM* 194 (2003), 5-15.

Borchardt, L., *Das Grabdenkmal des Königs S'aḥu-Re*, II, *Die Wandbilder* (Leipzig: WVDOG 26, 1913).

BORGHOUTS, J.F., *Ancient Egyptian Magical Texts* (Leyde: NISABA 9, 1978).

BOUVIER, J.F., "Le collectionneur Maurice Bouvier", in A. STAUFFER (ed.), *Textiles d'Egypte de la collection Bouvier. Antiquité tardive, période copte, premiers temps de l'Islam* (Berne, 1991), 10.

BRAUN, N.S., *Bilder erzählen : visuelle Narrativität im alten Ägypten* (Heidelberg: ÄSL 2, 2020).

BRUNNER-TRAUT, E., "Altägyptische Tiergeschichte und Fabel. Gestalt und Strahlkraft", *ZDMG* 120 (1970), 124-84.

BRUNNER-TRAUT, E., *LÄ* III, 1980a, 27-30, *s.v.* "Esel".

BRUNNER-TRAUT, E., *LÄ* III, 1980b, 1250-2, s.v. "Maus".

BRUNNER-TRAUT, E., *LÄ* V, 1984, 984-91, *s.v.* "Satire".

BRUUN, B., BAHA EL-DIN, S., *Commun Birds of Egypt* (Le Caire, 2006).

BRYAN, C.P., *Ancient Egyptian Medecine: The Papyrus Ebers* (Chicago, 1930).

Buffon, *Histoire naturelle, générale et particulière avec la description du cabinet du Roy*, XVI, *Histoire naturelle des oiseaux* 1 (Paris, 1770a).

Buffon, *Histoire naturelle, générale et particulière avec la description du cabinet du Roy*, XVI, *Histoire naturelle des oiseaux* 2 (Paris, 1770b).

BURGOS, F., LARCHÉ, F., *La chapelle Rouge, le sanctuaire de barque d'Hatchepsout*, 1, *fac-similés et photographies des scènes*, (Paris: EtudEg 14, 2006).

CAMINOS, R.A., *Late-Egyptian Miscellanies* (1954: BEStud 1, Londres).

CAMINOS, R.A., *Literary Fragments in the Hieratic Script* (Oxford, 1956).

CAMINOS, R.A., *The New Kingdom Temples of Buhen*, I, *Text*, II, *Plates* (Londres: ASE 34, 1974).

CÉNIVAL, F. DE, *Le mythe de l'œil du soleil. Translittération et traduction avec commentaire philologique* (Sommerhausen: DemStud 9, 1988).

CANNUYER, C., "Singe savant ou caméléon ?", *RdÉ* 35 (1984), 189-90.

ČERNÝ, J., "Datum des Todes Ramses' III. und des Thronbesteigung Ramses' IV.", *ZÄS* 72 (1936), 109-18.

CHAUVEAU, M., "Démotique", *AEPE* 149 (2018), 7-11.

CHEVRIER, H., "Rapport sur les travaux de Karnak 1952-1952", *ASAE* 53 (1955), 7-19.

COLIN, F., ADAM, F., PRANJIC, I., "Harpocrate au chien et les cadavres de Qasr 'Allam. Perspectives sur le statut rituel des inhumations animales dans l'Egypte ancienne", *Archimède* 1 (2014), 32-63.

COULON, L., "Véracité et rhétorique dans les autobiographies égyptiennes de la Première Période Intermédiaire", *BIFAO* 97 (1997), 109-38.

CRAMP, S., SIMMONS, K.E.L., GILLMOR, R., HOLLOM, P., HUDSON, R., NICHOLSON, E., OGILVIE, M., OLNEY, P., ROSELAAR, C., VOOUS, K., WALLACE, D., WATTEL, J., *Handbook of the Birds of Europe, the Middle East and North Africa. The Birds of the Western Paleartic*, II, *Hawks to Bustards* (Oxford, Londres, New York, 1980).

CUZIN, F., RANDI, E., *MoA* VI, 2013, 28-31, *s.v.* "Wild Boar".

DARESSY, E., *Catalogue général des Antiquités égyptiennes du musée du Caire. Nos 24001-24990. Fouilles de la vallée des Rois (1898-1899)* (Le Caire, 1902).

DAVIES, N. DE G., *Two Ramesside Tombs at Thebes* (New York: PMMA 5, 1927).

DAVIES, N. DE G., *The Tomb of Rekh-mi-re at Thebes*, I, *Text*, II, *Plates* (New York: MMAEE 11, 1943).

DAVIES, N.M., "The Hieroglyph for the Fledgling", *JEA* 27 (1941), 133-4.

DAWSON, W.R., UPHILL, E.P., *Who was who in egyptology. A biographical index of egyptologists, of travellers, explorers, and excavators in Egypt... from the year 1500 to the present day, but excluding persons now living* (Londres, 1972).

DESROCHES NOBLECOURT C., DONADONI, S., EDEL, E., NIMS, C., CLÈRE, P., BADIE, A., FATHY, FOUAD, M., NELSON, M., ULMANN, S.T., *Grand temple d'Abou Simbel. La bataille de Qadech* (Le Caire: collection scientifique, 1971).
DIETERLEN, F., *MoA* 3, 2013, 220-2, s.v. "*Acomys cahirinus*".
DIOUF, J.-L., *Dictionnaire wolof-français et français-wolof* (Paris, 2003).
DRIESCH, A. VON DEN, KESSLER, D., STEINMANN, F., BERTEAUX, V., PETERS, J., "Mummified, Defied and Buried at Hermopolis Magna–The sacred Birds from Tuna el-Gebel, Middle Egypt", ÄgLev 15 (2005), 203-44.
DUELL, P., COWERN, R.T., LACK, H.M. NASH, D., SHEPHERD, S.R., SHUFORD, C.R., STREKALOVSKY, V., NIMS, C.F., SEELE, K.C., THOMPSON, L.F., KOSSOFF, K., *The Mastaba of Mereruka*, II, *Chambers A 11–13, Doorjambs and Inscriptions of Chambers A 1–21, Tomb Chamber, Exterior* (Chicago: OIP 39, 1938).
DUNAND, F., ZIVIE-COCHE, C., *Dieux et hommes en Egypte : 3000 av. J.-C.-395 apr. J.-C. Anthropologie religieuse* (Paris: U. Histoire ancienne, 1991).
EBERS, G., *Papyros Ebers: Das Hermetische Buch über die Arzneimittel der alten Ägypter in hieratischer Schrift*, II, *Glossar und Tex*t (Leipzig, 1875).
EDEL, E., *Zu den Inschriften auf den Jahreszeitenreliefs der 'Weltkammer' aus dem Sonnenheiligtum des Niuserre* (Göttingen: NAWG 1, 1961).
EDGERTON, W.F., WILSON, J.A., *Historical Records of Ramses III: The Texts in Medinet Habu, vol. 1 & 2, Translated with Explanatory Notes* (Chicago: SAOC 12, 1936).
Élien, *La personnalité des animaux*, I, *Livre I à IX* (Paris: La roue à livre, 2014).
THE EPIGRAPHIC SURVEY, *Medinet Habu*, VIII, *The Eastern Hight Gate with Translations of Texts* (Chicago: OIP 94, 1970).
ERMAN, A., *La religion des Égyptiens* (Paris: BiHist 1952).
Ésope, *Fables* (Paris : Collection des universités de France. Série grecque 40, 1927).
EVANS, L., "Fighting kites: behavious as a key to species identity in wall scenes", *JEA* 93 (2007), 245-7.
FAULKNER, R.O., *A concise Dictionary of Middle Egyptian* (Oxford, 1972).
FERGUSON-LEES, J., CHRISTIE, D., *Raptors of the World* (Londres: Helm Field Guides, 2010).
FISCHER, J.H., *LÄ* III, 78-82, *s.v.* "Hunde".
FRANKE, D., "The Good Shepherd Antef (Stela BM EA 1628)", *JEA* 93 (2007), 149-74.
FRANKFORT, H., BUCK, A. DE, GUNN, B., *The Cenotaph of Sethi I at Abydos*, II, *Plates* (Londres: MEES 39, 1933).
FROOD, E., *Biographical Texts from Ramessid Egypt* (Leyde, Boston: WAW 26, 2007).
GARDINER, A.H., "The Eloquent Peasant", *JEA* 9 (1923), 5-25.
GARDINER, A.H., *Egyptian Grammar. Being an Introduction to the Study of Hieroglyphs* (Oxford, 2001).
GARDINER, A.H., *Late-Egyptian Stories* (Bruxelles: BiAeg 1, 1932).
GARDINER, A.H., *Hieratic Papyri in the British Museum. Third Series: Chester Beatty Gift*, I, *Text*, II, *Plates* (Londres, 1935).
GARDINER, A.H., *Late-Egyptian miscellanies* (Bruxelles: BiAeg 7, 1937).
GARDINER, A.H., *Egyptian Grammar* (Oxford, 1957).
GÉNSBØL, B., *Guide des rapaces diurnes. Europe, Afrique du nord, Proche-Orient* (Neuchâtel, Paris: les guides du naturaliste, 1988).
GÉROUDET, P., *Les rapaces d'Europe. Diurnes et nocturnes* (Paris: La vie des oiseaux, 2013).
GILUDA, M., "An Egyptian Etymology of the Name Horus?", *JEA* 68 (1982), 259-65.
GOEDICKE, H., *The Speos Artemidos Inscription of Hatshepsut and Related Discussions* (Oakville, 2004).
GOLDWASSER, O., "The Narmer Palette and the 'Triumph of Metaphor'", *LingAeg* 2 (1992), 67-85.

GOLDWASSER, O., *Prophets, Lovers and Giraffes: Wor(l)d Classification in Ancient Egypt* (Wiesbaden: GOF IV/38, 2002).

GOLDWASSER, O., "La force de l'icône — le 'signifié élu'", in : N. BEAUX, B. POTTIER, N. GRIMAL (eds.), *Image et conception du monde dans les écritures figuratives. Actes du colloque Collège de France-Académie des Inscriptions et Belles-Lettres, Paris, 24-25 janvier 2008* (Paris: EtudEg 10, 2013), 336-62.

GOODMAN, S.M., MEININGER, P.L., *The Birds of Egypt* (Oxford, 1989).

GRANDET, P., *Contes de l'Egypte ancienne* (Paris: Hachette Littérature, 1998).

GRANDET, P. , "Les ânes de Sennéfer (O. Ifao 10044)", *BIFAO* 103 (2003), 257-65.

GRANDET, P. , "Ostracon figuré : parodie de la procession d'Amenhotep Ier", in G. ANDREU-LANOË, S. LABBÉ-TOUTÉE, P. RIGAULT (eds.), *L'art du contour. Le dessin dans l'*Égypte ancienne (Paris, 2013a), 328, n° 180.

HABACHI, L., *The Second Stelae of Kamose and his Struggle Against the Hyksos Ruler and his Capital* (Glückstadt: ADAIK 8, 1972).

HAPPOLD, D.C.D., *MoA* III, 2013, 487-9, *s.v.* "House Mouse".

HARI, R., "Rosellini et Champollion: deux vies pour l'égyptologie", *EVO* 3 (1982), 75-81.

HEIN, I., *Die ramessidische Bautätigkeit in Nubien* (Wiesbaden: GOF IV/22, 1991).

HELCK, W., *Die Prophezeiung des Nfr.tj* (Wiesbaden: KÄT 2, 1970).

HELCK, W., *LÄ* V, 1984, 762-5, *s.v.* "Schwein".

HELCK, W., *Die Prophezeiung des Nfr. tj* (Wiesbaden: KÄT 2, 2000).

HENEIN, N.H., *Proverbes égyptiens relatifs aux poissons et aux oiseaux* (Le Caire: BiGen 30, 2007).

HENDRICKX, S., EYCKERMAN, M., "Packed and Ready: Painted Plaster Plaques in the Elite Cemetery", *Nekhen News* 29 (2017), 9-10.

HENDRICKX, S., FÖRSTER, F., EYCKERMAN, M., "The Narmer Palette – A New Recording", in M.D. ADAMS (ed.), *Egypt at its origins 4. Proccedings of the Fourth International Conference 'Origin of the State. Predynastic and Early Dynastic Egypt', New York, 26th – 30th July 2011* (Louvain, Paris, Bristol: OLA 252, 2016), 535-46.

HENDRICKX, S., FRIEDMAN, R., "The Falcon has Landed: Falcons in the 'City of the Falcon'", *Nekhen News* 19 (2007), 9-10.

HENDRICKX, S., FRIEDMAN, R., EYCKERMAN, M., "Early falcons", in L.D. MORENZ, R. KUHN (eds.), *Vorspann oder formative Phase? Ägypten und der Vordere Orient 3500–2700 v. Chr.* (Wiesbaden: Philippika 48, 2011), 129-62.

HENRY, V., *Lexique étymologique des termes les plus usuels du breton moderne* (Rennes: Bibliothèque bretonne armoricain 3, 1900).

HORNUNG, E., *Les dieux de l'Egypte, l'un et le multiple* (Paris: Champs essais – Sciences humaines 257, 1992).

HOULIHAN, P.F., *The Animal World of the Pharaohs* (Le Caire, 1996).

HOULIHAN, P.F., *Wit & Humour in Ancient Egypt* (Londres, 2001).

HOULIHAN, P.F., GOODMAN, S.M., *The Birds of Ancient Egypt* (Warminster: NHE 1, 1988).

KANAWATI, N., EVANS, L., *Beni Hassan*, I, *The Tomb of Khnumhotep II* (Oxford: ACER 36, 2014).

KANAWATI, N., EVANS, L., *Beni Hassan*, III, *The Tomb of Amenemhat* (Oxford: ACER 40, 2016).

KANAWATI, N., EVANS, L., *Beni Hassan*, IV, *The Tomb of Baqet III* (Oxford: ACER 42, 2018).

KEIMER, L., "Le sanglier égyptien", *CdE* 10/19 (1935), 26-33.

KEIMER, L., "INB [*ỉnb*], le Caracal (*Caracal caracal* Schmitzi Matsch.) dans l'Égypte ancienne", *ASAE* 48 (1948), 373-90.

KEIMER, L., "Les limites de l'observation naturaliste dans quelques representation animals de l'Egypte antique. Première partie", *AFLCaire* 2 (1953), 121-34.

Keimer, L., "Notes de lecture (suite)", *BIFAO* 56 (1957), 97-120.

Kessler, D., "Der satirisch-erotische papyrus Turin 55001 und das Verbringen des 'Schönen Tages'", *SAK* 15 (1988), 171-96.

Kitchen, K.A., *Ramesside Inscriptions. Historical and Biographical*, II (Oxford, 1979).

Kitchen, K.A., *Ramesside Inscriptions. Historical and Biographical*, V (Oxford, 1983).

Klingel, H., *MoA* VI, 2013, 68-78, *s.v.* "*Hippopotamus amphibius*".

Labrousse, A., Moussa, A.M., *La chaussée du complexe funéraire du roi Ounas* (Le Caire: BdÉ 134, 2002).

Lacouture, J., *Champollion. Une vie de lumières* (Paris: 1989).

Lapp, G., *The Papyrus of Nebseni (BM EA 9900)* (Londres: CBDBM 3, 2004).

Leitz, C., *Magical and Medical Papyri of the New Kingdom* (Cambridge: HPBM VII, 1999).

Lepsius, K.R., *Auswahl der wichtigsten Urkunden des Ægyptischen Alterthums : theils zum erstenmale, theils nach den Denkmælern berichtigt, Tafeln* (Leipzig, 1842).

Loeben, C.E., "Tiergeschichten und Fabeln im alten Ägypten", in M. Fansa E. Grunewald (eds.), *Tierisch moralisch. Die Welt der Fabel in Orient und Okzident. Begleitschrift zur Sonderausstellung des Landesmuseums Natur und Mensch Oldenburg vom 22. Februar bis zum 01. Juni 2009* (Wiesebaden: Schriftenreihe des Landesmuseums Natur und Mensch 63, 2008), 33-40.

Loprieno, A., *Le pensée et l'*écriture. Pour une analyse sémiotique de la culture égyptienne. Quatre séminaires à l'École Pratique des Hautes Études, Section des Sciences religieuses, 15-27 mai 2000, (Paris, 2001).

Loret, V., "Notes sur la Faune pharaonique", *ZÄS* 30 (1892), 24-30.

Loret, V., "Horus-le-faucon", *BIFAO* 3 (1903), 1-24.

Leroi-Gourhan, A., *L'homme et la matière* (Paris: Sciences d'aujourd'hui, 1971).

Lortet, L., Gaillard, C., *La faune momifiée de l'ancienne Égypte* (Lyon: AMHNL 8, 1905).

Louison, L., "Escoufle, hüa, milan, nieble : analyse lexicologique", *Le Moyen Age* 115 (2009), 109-31.

McIver, D.R., Woolley, C.L., *Buhen*, I, *Text*, II, *Plates* (Philadelphie: Eckley B. Coxe junior Expedition to Nubia 8, 1911).

Maître, J., *Les Horus de Nubie, maîtres de Miâm, Bouhen, Baki et Méha,* I, *Corpus documentaire*, mémoire de master 2, université Paris-4 Sorbonne (2008).

Maître, J., "Comme un oiseau sur la branche…", *ENiM* 10 (2017), 89-101.

Maître, J., "'Malin comme un babouin !' Le rôle des singeries comme faire-valoir de l'idéal de vie à l'égyptienne dans la chapelle du mastaba d'Hétepet à Gîza", Égypte 89 (2018), 43-52.

Maître, J., "Comment penser la place du charognard dans le monde pharaonique ?" in École Pratique des Hautes Études (ed.), *Ordre et chaos. Actes du séminaire transversal 2018 du 4 avril 2018 à l'INHA* (Paris, 2020), 21-31.

Maître, J., "L'histoire d'*ḥm-jwnw* et du vilain (petit) canard", *ENiM* 14 (2021), 1-19.

Maître, J., "Le Milan d'Afrique est-il l'anti-héros de la bande dessinée pornographico-satirique P. Turin, Museo Egizio CGT 55001 ? Remarques sur les rapaces du monde pharaonique", in J. Maître, *Deux études sur la parodie animalière*, ici même.

Mariette, A., *Les papyrus égyptien du musée Boulaq*, I, *Papyrus Nos 1–9* (Paris, 1871).

Mathieu, B., "Horus : polysémie et métamorphoses", *ENiM* 6 (2013), 1-26.

Mathieu, B., "Chacals et milans, pâturages et marécages ou le monde selon Henqou", in M. Massiéra, B. Mathieu, F. Rouffet (eds.), *Apprivoiser le sauvage / Taming the Wild* (Montpellier: CENiM 11, 2015), 236-73.

McDonald, A., "Tall Tails. The Seth Animal Reconsidered", in A. McDonald, C. Riggs (eds.), *Current Research in Egyptology 2000* (Oxford: BAR-IS 909, Oxford, 2000), 75-81.

Meeks, D., "Oiseaux des carrières et des cavernes", in U. Verhoeven, E. Graefe (eds.),

Religion und Philosophie im Alten Ägypten. Festgabe für Philippe Derchain zu seinem 65. Geburtstag an 24. Juli 1991 (Louvain: OLA 39, 1991), 233-41.

Meeks, D., "La hiérarchie des êtres vivants selon la conception égyptienne", in A. Gasse, F. Servajean, C. Thiers (eds.), *Et in Ægypto et ad Ægyptum, Recueil d'*études dédiés à Jean-Claude Grenier, III (Montpellier: CENiM 5, 2012), 517-43.

Meinertzhagen, R.H., *Nicoll's Birds of Egypt* (Londres, 1930).

Moehlman, P.D., Kebede, F., Yohannes, H., *MoA* V, 2013, 414-7, s.v. "Wild Ass".

Moers, G., "Ägyptische monochrone Einzelbilder als Erzählungen", in G. Moers (ed.), *Narrative and Narrativity in Ancient Egypt. Case Studies on Narrative Difference in Various Media* (Hambourg: LingAeg-StudMon 29, 2023), 217-62.

Monneret, J.R., *Le Faucon pèlerin. Description, mœurs, observation, protection, mythologie* (Paris, 2017).

Montet, P., *Les scènes de la vie privée dans les tombeaux égyptiens de l'Ancien Empire* (Oxford: PFLUS 24, 1925).

Morenz, L., "Karnevaleske Feste in der altägyptischen Kultur: parodische Inszenierungen des Sakralen in Bild und Schrift", in R. Lucarelli, M. Müller-Roth, A. Wüthrich (eds), *Herausgehen am Tage: gesammelte Schriften zum altägyptischen Totenbuch* (Wiesebaden: SAT 17, 2012), 93-111

Nelson, H.H., Edgerton, W.F., Williams, C.R., Wilson, J.A., Bollacher, A., Canziani, V., Chubb, J.A., Morrison, A.Q., Lind, O.E., Hartman, J., *Medinet Habu*, I, *Earlier Historical Records of Ramses III* (Chicago: OIP 8, 1930).

Newberry, P.E., *Beni Hasan. Part II* (Londres: ASEg 2, 1893).

Nicoll, M.J., *Handlist of the Birds of Egypt* (Le Caire: Egypt Zoological Service Publication 29, 1919).

Normand, H., *Les rapaces dans le monde grec et romain* (Bordeaux: ScrAnt 80, 2015).

Nouet, *L'homme d'oraison. Ses méditations et entretiens pour tous les jours de l'année*, V, *Depuis le très Saint-Sacrement jusqu'*à l'*Avent* (Paris, 1694).

Omlin, J.A., *Der Papyrus 55001 und seine satirisch-erotischen Zeichnungen und Inschriften* (Turin: CMT 1, 1973).

Ottoni, C., Van Neer, W., De Cupere, B., Daligault, J., Guimaraes, S., Peters, J., Spassov, N., Prendergast, M.E., Boivin, N., Morales-Muñiz, A., Bălăşescu, A., Becker, C., Benecke, N., Boroneant, A., Buitenhuis, H., Chahoud, J., Crowther, A., Llorente, L., Manaseryan, N., Monchot, H., Onar, V., Osypińska, M., Putelat, O., Quintana Morales, E.M., Studer, J., Wierer, U., Decorte, R., Grange, T., Geigl, E.M., "The palaeogenetics of cat dispersal in the ancient worl", *Nature Ecology & Evolution* 1 (2017), 0139.

Osborn, D.J., Osbornová, J., *The Mammals of Ancient Egypt* (Warminster: NHE 4, 1998).

Pagès-Camagna, S., "Les matériaux du peintre : du contour au remplissage", in G. Andreu-Lanoë, S. Labbé-Toutée, P. Rigault (eds.), *L'art du contour. Le dessin dans l'Egypte ancienne* (Paris, 2013), 44-9.

Parkinson, R.B., *The Tale of Sinuhe and other Ancient Egyptian Poems 1940 – 1640 BC* (Oxford, 1997).

Parkinson, R.B., *Poetry and culture in Middle Kingdom Study: a dark side to perfection* (Londres, New York: Athlone publications in Egyptology and ancient Near Eastern studies, 2002).

Parkinson, R.B., *The Tale of the Eloquent Peasant* (Oxford, 2005).

Parkinson, R.B., *The Tale of the Eloquent Peasant: A Reader's Commentary* (Hambourg: LingAeg 10, 2012).

Petrie, W.M.F., *Tools and Weapons* (Londres: BSAE 30, 1917).

Petrie, W.M.F., Griffith, F.L., *The Royal Tombs of the First Dynasty, 1900-1901*, I (Londres: MEEF 18, 1900).

Phèdre, *Fables* (Paris: Collection des universités de France. Série Latine 19, 1924).

Planhol, X. de, *Le paysage animal. L'homme et la grande faune : une zoogéographie historique* (Paris, 2004).

Pline l'Ancien, *Histoire naturelle. Livre X* (Paris: Collection des universités de France. Série Latine 159, 1961).

Poplin, P., "Animal vrai, sacrifice et domestication laitière", in E. Vila, L. Gourichon, A.M. Choyke, H. Buitenhuis (eds.), *Archaeozoology of the Near East VIII. Actes des huitièmes Rencontres internationales d'Archéozoologie de l'Asie du Sud-Ouest et des régions adjacentes, Lyon 28 juin-1er juillet 2006*, I (Lyon: TMO 49, 2008), 21-31.

Posener, G., "La mésaventure d'un Syrien et le nom égyptien de l'ours", *Orientalia* 13 (1944), 193-204.

Preisigke, F., Spiegelberg, W., *Die Prinz-Joachim-Ostraka. Griechische und demotische Beisetzungsurkunden* für Bis- *und Falkenmumien aus Ombos* (Strasbourg: Schriften der Wissenschaftlichen Gesellschaft in Strassburg 19, 1914).

Quack, J., *Die Lehren des Ani: Ein neuägyptischer Weisheitstext in seinem kulturellen Umfeld* (Göttingen: OBO 141, 1994).

Quibell, J.E., *Hierakonpolis*, I, *Plates of Discoveries in 1898* (Londres: EAR 4, 1900).

Quirke, S., *Egyptian Literature 1800 BC, questions and readings* (Londres: GHP Egyptology 2, 2004).

Radovčić, D., Sršen, A.O., Radovčić, J., Frayer, D.W., "Evidence for Neandertal Jewelry: Modified White-Tailed Eagle Claws at Krapina", *PlosOne* 10/3 (2015), e0119802.

Redman, N., Stevenson, T., Fanshawe, J., *Birds of Horn of Africa: Ethiopia, Eritrea, Djibouti, Somalia and Socotra* (Londres: Helm Field Guides, 2009).

Reisner, G.A., *Excavations at Kerma. Parts IV-V* (Cambridge: HAS 5, 1923a).

Reisner, G.A., *Excavations at Kerma. Parts I-III* (Cambridge: HAS 6, 1923b).

Ricke, H., Hughes, G.R., Wente, E.F., *The Beit el-Wali temple of Ramesses II* (Chicago: OINE 1, 1967).

Rognier, F.A., "Zeit und Zeitlichkeit im ägyptischen Flachbild. Wege zur Analyse bildlicher Narrativität im Alten Ägypten", in D. Serova, B. Backes, M.W. Götz, A. Verbovsk (eds.), *Narrative: Geschichte Mythos – Repräsentation.Beiträge des achten Berliner Arbeitskrise Junge Ägyptologie 2017* (Wiesbaden: GOF 65, 2019), 73-92.

Rognier, F.A., "Narrativity - storytelling - reference: on some fundamental distinctions in the discussion of images", *BiOR* 78 (2021), 568-96.

Rössler-Köhler, U., *LÄ* III, 1980, 1080-90, *s.v.* "Löwe, L.-Köpfe, L.-Statuen".

Rowe, A., *The Topography and History of Beth Shan with Details of the Egyptian and Other Inscriptions Found on the Site* (Philadelphie: PUMP 1, 1930).

Sarment, T., Ploton-Nicollet, F., *Jetons des institutions centrales de l'Ancien Régime. Catalogue*, II, *Juridictions (no 826 à 2621)* (Paris, 2014).

Sauneron, S., *Un traité égyptien d'ophiologie. Papyrus du Brooklyn Museum No 47.218.48 et .85* (Le Caire: BiGen 11, 1989).

Säve-Söderbergh, T., *Four Eighteenth Dynasty Tombs* (Oxford: PTT 1, 1957).

Savigny, J.C., "Système des oiseaux de l'Égypte et de la Syrie", in I. Geoffroy-Saint-Hilaire, J.C. Savigny, *Description de l'Egypte, ou Recueil des observations et des recherches qui ont été faites en Égypte pendant l'expédition de l'armée française*, I, *Histoire naturelle* (Paris, 1809), 225-300.

Schmitz, B., "T 1. Sarg des Djed-Bastet-iuef-anch", in A. Eggebrecht (ed.), *Ägypten. Geheimnis der Grabkammern. Suche nach Unsterblichkeit* (Mayence, 1993), 28-31.

Scott, N.E., "An Egyptian Bird Trap", *BMMA* 35/8 (1940), 163-4.
Seyfried, K.J., *Die Jahreszeitenreliefs aus dem Sonnenheiligtum des Königs Ne-User-Re* (Berlin: MÄSB 9, 2019).
Shelley, G.H., *Handbook to the Birds of Egypt* (Londres, 1872).
Smith, H.S., *The Fortress of Buhen*, II, *The Inscriptions* (Londres: ExcMem 48, 1976).
Störk, L., *LÄ* III, 1980a, 91-2, *s.v.* "Hyäne".
Störk, L., *LÄ* III, 1980b, 327, *s.v.* "Karakal".
Störk, L., *LÄ* III, 1980c, 367-70, *s.v.* "Katze".
Störk, L., *LÄ* VI, 1986, 1167, *s.v.* "Weihe".
Stuart, C., Stuart, T., *MoA* V, 2013, 174-9, *s.v.* "Caracal".
Stuart, C., Stuart, T., *Mammals of North Africa and the Middle East* (Londres, New York: Pocket Photo Guide, 2016)
Stuart, C., Stuart, T., De Smet, K.J., *MoA* V, 2013, 206-10, *s.v.* "Wildcat".
Thiollay, J.M., "Black Kite", in J. del Hoyo, A. Elliott, J. Sargatal (eds.), *Handbook of the Birds of the World*, II, *New Vultures to Guineafowl* (Barcelone, 1994), 118-9, pl. 5, no 31.
Tillier, S. (éd.), *Dictionnaire du Règne animal* (Paris: Les Référents, 1999).
Török, L., *Between Two Worlds: The Frontier Region Between Ancient Nubia and Egypt 3 700 BC-500 AD* (Boston, Leyde: ProblÄg 29, 2009).
Vandersleyen, C., *L'Egypte et la vallée du Nil*, II, *De la fin de l'Ancien Empire à la fin du Nouvel Empire* (Paris: Nouvelle Clio, 1995).
Vandier d'Abbadie, J., *Catalogue des ostraca figurés de Deir el Médineh (N° 2001-2255)* (Le Caire: FIFAO II/1, 1936).
Vandier d'Abbadie, J., *Catalogue des ostraca figurés de Deir el Médineh (N° 2256-2722)* (Le Caire: FIFAO II/2, 1937).
Vandier d'Abbadie, J., *Catalogue des ostraca figurés de Deir el Médineh (N° 2734-3053)* (Le Caire: FIFAO II/3, 1959).
Vernus, P., "Les animaux dans la civilisation égyptienne", in P. Vernus, J. Yoyotte, *Bestiaire des pharaons* (Paris, 2005a), 10-9.
Vernus, P., "Les animaux dans la langue égyptienne", in P. Vernus, J. Yoyotte, *Bestiaire des pharaons* (Paris, 2005b), 76-93.
Vernus, P., "Hyène", in P. Vernus, J. Yoyotte, *Bestiaire des pharaons* (Paris, 2005c), 146-50.
Vernus, P., "Lynx" in, P. Vernus, J. Yoyotte, *Bestiaire des pharaons* (Paris, 2005d), 168.
Vernus, P., "Busard", in P. Vernus, J. Yoyotte, *Bestiaire des pharaons* (Paris, 2005e), 357
Vernus, P., "Faucon", in P. Vernus, J. Yoyotte, *Bestiaire des pharaons* (Paris, 2005f), 369-77.
Vernus, P., "Milan", in P. Vernus, J. Yoyotte, *Bestiaire des pharaons* (Paris, 2005g), 396-7
Vernus, P., "Âne", in P. Vernus, J. Yoyotte, *Bestiaire des pharaons*, (Paris, 2005h), 459-70.
Vernus, P., "Chien domestique", in P. Vernus, J. Yoyotte, *Bestiaire des pharaons* (Paris, 2005i), 544-53.
Vernus, P., "Porc", in P. Vernus, J. Yoyotte, *Bestiaire des pharaons* (Paris, 2005j), 556-60.
Vernus, P., "Souris", in P. Vernus, J. Yoyotte, *Bestiaire des pharaons* (Paris, 2005k), 628-9.
Vernus, P., "Animaux fantastiques", in P. Vernus, J. Yoyotte, *Bestiaire des pharaons* (Paris, 2005l), 632-55.
Vernus, P., "Stratégie d'épure et stratégie d'appogiature dans les productions dites 'artistiques' à l'usage des dominants. Le papyrus dit 'érotique' de Turin et la mise à distance des dominés", in K.A. Kóthay (ed.), *Art and Society. Ancient and Modern Contexts of Egyptian Art. Proceedings of the International Conference held at the Museum of Fine Arts, Budapest, 13–15 May 2010* (Budapest, 2012), 109-21.
Vernus, P., *Sagesses de l'Egypte pharaonique* (Paris, Thesaurus 2010).
Vernus, P., "Les jachères du démiurge et la souveraineté du pharaon : sur le concept d''empire'", *RdE* 62 (2011), 175-98.

VERNUS, P., "Les parodies animalières", in G. ANDREU-LANOË, S. LABBÉ-TOUTÉE, P. RIGAULT (eds.), *L'art du contour. Le dessin dans l'Égypte ancienne* (Paris, 2013a), 102-7.

VERNUS, P., "Le papyrus de Turin et la pornographie dans l'Egypte ancienne", in G. ANDREU-LANOË, S. LABBÉ-TOUTÉE, P. RIGAULT (eds.), *L'art du contour. Le dessin dans l'Egypte ancienne* (Paris, 2013b), 108-19.

VERNUS, P., "Égyptologie: une discipline aux prises avec l'exceptionnelle valorisation sociétale de son objet", in S. BICKEL, H.W. FISCHER-ELFERT, A. LOPRIENO, S. RICHTER (éds.), *Ägyptologen und Ägyptologien zwischen Kaiserreich und Gründung der beiden deutschen Staaten* (Leipzig: ZÄS-B 1, 2014), 457-80.

VERNUS, P., "De l'image au signe d'écriture, du signe d'écriture à l'image, de l'image au signe d'écriture : la ronde sémiotique de la civilisation pharaonique", *Actes Sémiotiques* 119 (2016), 1-19.

VERNUS, P., "The Sages/Wisemen in Ancient Egypt ", in S. ANTHONIOZ, S. FINK (eds.), *Representing the Wise. A Gendered Approach. Proceedings of the 1st Melammu Workshop, Lille, 4–5 April 2016* (Münster: Melammu Workshops and Monographs 1, 2019a), 71-117.

VERNUS, P., "Qu'entend-on par 'littéraire' et par 'littérature' s'agissant de l'Égypte pharaonique ?", *BSFE* 201 (2019b), 8-28.

VERNUS, P., "Script and Figurativity: Modelling the Relationship Between Image and Writing in Ancient Egypt", in L. MORENZ, A. STAUDER, B. BÜMA (éds.), *Wege zur frühen Schrift: Niltal und Zweistromland* (Berlin: Thot 3, 2022), 335-421.

VOLOKHINE, Y., *Le porc en Égypte ancienne. Mythes et histoire à l'origine des interdits alimentaires* (Liège: RCHA 3, 2014).

VYCICHL, W., *Dictionnaire étymologique de la langue copte* (Louvain, 1983).

VYCICHL, W., "Histoires de chats et de souris. Un problème de la littérature égyptienne", *BSEG* 8 (1983), 101-8.

WAGNER, A.P., *MoA* V, 2013, 267-72, *s.v.* "Striped Hyaena".

WALLE, B. VON DE, *L'humour dans la Littérature et dans l'Art de l'Ancienne Égypte* (Leyde: SABMD 4 , 1969).

WALLE, B. VON DE, *LÄ* III, 1980, 74-7, *s.v.* "Humour".

WEST, P.M., PARCKER, C., *MoA* V, 2013, 149-59, *s.v.* "Lion".

WIESE, A., *Antikenmuseum Basel und Sammlung Ludwig. Die Ägyptische Abteilung* (Mayence: Zaberns Bildbände zur Archäologie, 2001).

WIESE, A., "A recently discovered Comic Papyrus at the Antikenmuseum Base", *AE* 4/1 (2003), 13.

WILKINSON, C.K., HILL, M., *Egyptian Wall Paintings: The Metropolitan Museum of Art's Collection of Facsimiles* (New York, 1983).

WINAND, J., ANGENOT, V., "L'image égyptienne peut-elle nier ?", in S. BADIR, M.G. DONDERO (eds.), *L'image peut-elle nier ?* (Liège: Clinamen 4, 2016), 155-79.

WHYMPER, C., *Egyptian Birds for the most part seen in the Nile Valley* (Londres, 1909).

WIT, C. DE, *Le rôle et le sens du lion dans l'Egypte ancienne* (Leyde, 1951).

WRESZINSKI, W., *Der Papyrus Ebers. Umschrift,* Übersetzung *und Kommentar*, I, *Umschrift* (Leipzig, 1913).

YOYOTTE, J., "Lion", in P. VERNUS, J. YOYOTTE, *Bestiaire des pharaons* (Paris, 2005a), 152-66.

YOYOTTE, J., "Ours", in P. VERNUS, J. YOYOTTE, *Bestiaire des pharaons* (Paris, 2005b), 175-8.

YOYOTTE, J., "Chat", in P. VERNUS, J. YOYOTTE, *Bestiaire des pharaons* (Paris, 2005c), 513.

ZAUZICH, K.T., *LÄ* IV, 1980, 353, *s.v.* "Kartonage".

Sitographie

http://www.antikenmuseumbasel.ch/en/museum.html <consulté le 25.06.2021>.

https://avibase.bsc-eoc.org/species.jsp?lang=FR&avibaseid=52A081B0&sec=summary&ssver=1 <consulté le 14.12.2019>.
https://www.britishmuseum.org/collection/object/Y_EA10016-1 <consulté le 25.06.2021>.
https://www.britishmuseum.org/collection/object/Y_EA10016-2 <consulté le 25.06.2021>.
https://collections.louvre.fr/ark:/53355/cl010077301#fullscreen <consulté le 25.07.2021>.
https://collections.smvk.se/carlotta-mhm/web <consulté le 25.07 2021>.
https://collezioni.museoegizio.it/it-IT/material/

Annexes
A. Dessin (représentation artistique)
1. Iconographie

souris						
 [X + 2]	 [X + 2]	 [X + 2]	 [X + 1.2_A]	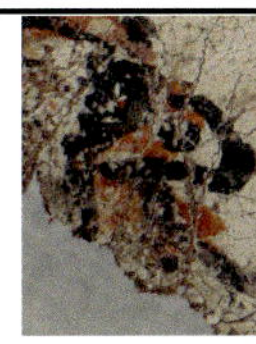 [X + 1.2_B]	 [X + 1.1.1_A]	 [X + 1.1.1_B]
chien						
 [X + 3]	 [X + 3]					
Caracal/ours (?)						
 [X + 5]	 [X + 4]	 [X + 1.1.2]				
lion						
 [X + 4]	 [X + 3]	 [X + 1.1.2]				
chat						
 [X+ 2]	 [X + 2]	 [X + 1.2_A]	 [X + 1.2_B]	 [X + 1.1.1]		
hyène						
 [X + 6]	 [X + 4]	 [X+3]				

âne						
 [X + 6]	 [X + 5]	 [X + 4]				
porc/chacal (?)						
 [X + 6]						

2. Parallèles

2.1. Personnages

2.1.1. Caracal / ours (?) [X + 1.1.2]

2.1.2. Porc [X + 6]

Les mamelles du porc — la truie — sont marquées. Elles réfèrent à sa valeur maternelle, ce qui

en fait un candidat pour le rôle de la nourrisse. C'est d'autant plus vrai que l'animal passe pour être vorace. Comparez également l'hippopotame au caracal / ours (?). Les deux sont apparié en raison de leur gourmandise, un vice partagé en commun.[210] L'hippopotame est rouge, comme Seth. Le choix s'explique par l'écran solaire que sa peau produit.

2.2. Scénettes

2.2.1. Accouplement du lion et de l'ânesse [X + 5]

2.2.2. Lion poursuivant un char [X + 5]

[210] Maitre 2017, 97-9.

2.2.2.1.

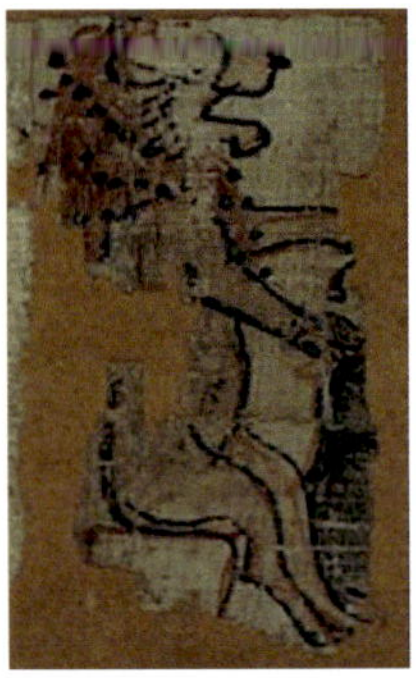

Le personnage est assis. Il garde le véhicule en attendant le passager. La main gauche tient les guides ou le fouet. On voit la roue en bas à droite.[211]

2.2.2.2.

A priori, des chats. Un juvénile fuit peut-être devant un adulte au moyen d'un char tiré par des lions. L'inégalité de statut serait fondée sur la différence d'âge. On peut aussi y voir un cocher et un palefrenier.

2.2.3. Hyène soignant l'ânon [X + 6]

Ce carnivore est un déprédateur de troupeau; si l'on en croit la documentation (texte, figures, magie, etc.), les attaques devaient être assez fréquentes. L'inversion des rôles est maximale: la hyène est tout sauf un bon pâtre! Elle contredit l'idéal de gestion que représente le Bon pasteur multipliant son troupeau.[212]

[211] Comparer à New York, MMA 27.6.1; Londres, BM EA37982.

[212] FRANKE 2007; MATHIEU 2015.

B. Taxinomie
La liste ci-dessous présente les principaux référents des figures animalières par catégories conceptuelles. L'ours — si c'est bien lui — est un [FAUVE][SAUVAGE][EXOGÈNE], etc. L'animal était un cadeau diplomatique offert au roi de Kêmi par les ambassades levantines.[213]

1. [SAUVAGE]
1.1. [INDIGÈNE]
1.1.1. Lion d'Afrique

Panthera leo (Linnæus, 1758)
Lion; Löwe; أسد
ANDERSON 1902, 182-3; ROSSLER-KOHLER 1980; STUART, STUART 2016, 47; WEST, PACKER 2013.

1.1.2. Hyène rayée

Hyaena hyaena (Linnæus, 1758)
Striped Hyaena; Streifenhyäne; ضبع مخطط
ANDERSON 1902, 199-201, pl. XXIX; STORK 1980a; STUART, STUART 2016, 47-9; WAGNER 2013.

[213] DAVIES 1943, pl. XXIII.

1.1.3. Caracal

Caracal caracal (Schreber, 1776)
Caracal ; Karakal ; عناق الأرض
ANDERSON 1902, 184; STÖRK 1980b; STUART, STUART 2013; STUART, STUART 2016, 59-60.

1.2. [EXOGÈNE]
1.2.1. Ours brun de Syrie

Ursus arctos syriacus (Hemprich,& Ehrenberg, 1828)
Syrian brown bear; Syrischer Braunbär; دب بني سوري
STUART, STUART 2016, 88-9.

2. [COMMENSAL]
2.1. chat haret[214]

Felis cattus (Linnæus, 1758)
F. sylvestris lybica (Forster, 1770)
cat; Katze; قط
ANDERSON 1902, 171-6, pl. XXIV; STÖRK 1980c; STUART, STUART, DE SMET 2013; STUART, STUART 2016, 53-4.

[214] Il est désormais clairement établi que le chat est issu la domestication du Chat ganté en Égypte au cours du deuxième millénaire BC. Dernières avancées sur le sujet dans OTTINI *et al.* 2017.

2.2. Souris grise

Mus musculus (Linnæus, 1758)
House Mouse; Hausmaus; فأر المنازل
ANDERSON 1902, 277, pl. CLV; BRUNNER-TRAUT 1980b; HAPPOLD 2013.

3. [DOMESTIQUE]
3.1. chien courant

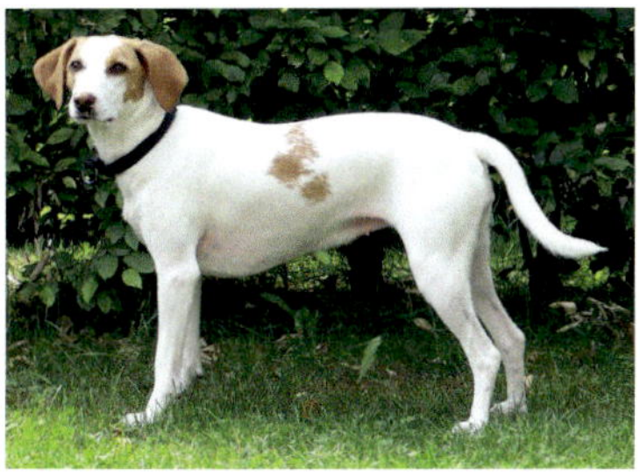

Canis familiaris (Linnæus, 1758)
Canis lupus (Linnæus, 1758)
Scent hound; Laufhund; هوند
ANDERSON 1902, 213-5, pl. XXX; FISCHER 1980; STUART, STUART 2016, 68-70.
Un braque de race Chien courant d'Istrie à poil ras.

3.2. âne

Equus asinus (Linnæus, 1758)
Equus africanus (Heuglin, Fitzinger, 1866)
Donkey; Haussel; حمار
ANDERSON 1902, 329-31; BRUNNER-TRAUT 1980a; MOEHLMAN, KEBEDE, YOHANNES 2013; STUART, STUART 2016, 45.

3.3. porc

Sus domesticus (Erxleben, 1777)
Sus scrofa libycus (Gray, 1868)
Domestic pig; Hausschwein; خنزير أليف
ANDERSON 1902, 354-5, pl. LXIII; CUZIN, RANDI 2013; STUART, STUART 2016, 42-4.